Matemática para o Ensino Médio

Caderno de Atividades
3º ano
volume 3

1ª Edição

Manoel Benedito Rodrigues
Carlos Nely C. de Oliveira
Álvaro Zimmermann Aranha

São Paulo
2022

Digitação, Diagramação : Sueli Cardoso dos Santos - suly.santos@gmail.com
Elizabeth Miranda da Silva - elizabeth.ms2015@gmail.com

www.editorapolicarpo.com.br
contato: contato@editorapolicarpo.com.br

Dados Internacionais de Catalogação, na Publicação (CIP)

(Câmara Brasileira do Livro, SP, Brasil)

Rodrigues, Manoel Benedito. / Oliveria, Carlos Nely C. de. / Aranha, Álvaro Zimmermann.
Matemática / Manoel Benedito Rodrigues / Carlos Nely C. de Oliveria / Álvaro Zimmermann Aranha.
- São Paulo: Editora Policarpo, **1ª Ed. - 2022**
ISBN: 978-65-88667-17-0
1. Matemática 2. Ensino Médio
I. Rodrigues, Manoel Benedito II. Oliveria, Carlos Nely C. de
III. Aranha, Álvaro Zimmermann. IV. Título.

Índices para catálogo sistemático:

Todos os direitos reservados à:
EDITORA POLICARPO LTDA
Rua Dr. Rafael de Barros, 175 - Conj. 01
São Paulo - SP - CEP: 04003-041
Tel./Fax: (11) 3288 - 0895
Tel.: (11) 3284 - 8916

Índice

I — GEOMETRIA ANALÍTICA

1 – Distância entre dois pontos (Revisão)..01

2 – Circunferência (Revisão)..06

3 – Posição entre um ponto e uma circunferência......................................16

4 – Ponto médio de um segmento..24

5 – Razão em que um ponto divide um segmento.......................................25

6 – Baricentro de um triângulo..27

7 – Reta no plano cartesiano...42

II — GEOMETRIA ANALÍTICA

1 – Distância entre ponto e reta...101

2 – Bissetrizes dos ângulos formados por duas retas................................104

III — POLINÔMIOS

1 – Definições e conceitos iniciais 144

2 – Polinômio nulo e igualdade de Polinômios..153

3 – Grau de um Polinômio..162

4 – Operações com Polinômios...162

5 – Divisão de Polinômios..168

6 – Teorema do resto...174

7 – Dispositivo prático de Briot-Ruffini...178

8 – Propriedades da divisão..184

IV — POLIEDROS CONVEXOS

1 – Ângulo poliédrico convexo..191

2 – Superfície poliédrica convexa..192

3 – Poliedro convexo...193

4 – Poliedros de Platão..205

5 – Poliedros Regulares...207

I | GEOMETRIA ANALÍTICA

1 - Distância entre dois pontos (Revisão)

Dados os pontos A e B, fazendo

$x_A - x_B = \Delta x$ e $y_A - y_B = \Delta y$, a distância

entre os pontos **A** e **B** que indicamos por

$d_{A,B}$ ou por AB é dada por

$$AB = \sqrt{(x_A - x_B)^2 + (y_A - y_B)^2}$$

$$AB = \sqrt{(\Delta x)^2 + (\Delta y)^2}$$

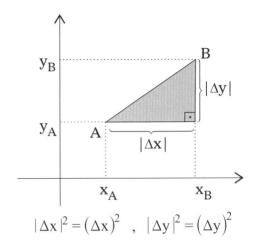

$|\Delta x|^2 = (\Delta x)^2$, $|\Delta y|^2 = (\Delta y)^2$

Obs: 1) Como $(x_A - x_B)^2 = (x_B - x_A)^2$, podemos escrever qualquer uma destas diferenças na fórmula.

2) Esta fórmula também é válida para quando o segmento AB é paralelo a um dos eixos ($\Delta x = 0$ ou $\Delta y = 0$).

Exemplo 1: Determinar a distância entre os pontos **A** e **B**, nos casos:

a) $A(-7, 8)$ e $B(-2, -4)$

Não é necessário fazer esboço, mas se feito, não é preciso fazê-lo plotando os pontos com eixos e escala.

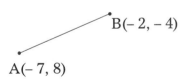

$AB = \sqrt{(\Delta x)^2 + (\Delta y)^2} = \sqrt{[-7-(-2)]^2 + [8-(-4)]^2}$

$AB = \sqrt{(-7+2)^2 + (8+4)^2} = \sqrt{(-5)^2 + (12)^2} \Rightarrow$

$AB = \sqrt{25 + 144} \Rightarrow AB = \sqrt{169} \Rightarrow \boxed{AB = 13}$

b) $A(0, -7)$ e $B(-8, -1)$

$AB = \sqrt{(0+8)^2 + (-7+1)^2} = \sqrt{64 + 36} = \sqrt{100} \Rightarrow \boxed{AB = 10}$

"Nestas diferenças, Δx e Δy, copiamos uma coordenada e o oposto da outra"

c) $A(-5, 9)$ e $B(7, 9)$

$AB = \sqrt{(-5-7)^2 + (9-9)^2} = \sqrt{12^2} \Rightarrow \boxed{AB = 12}$ (AB é paralelo ao eixo Ox)

d) $A(-17, 5)$ e $B(-17, -9)$

$AB = \sqrt{(-17+17)^2 + (5+9)^2} = \sqrt{14^2} \Rightarrow \boxed{AB = 14}$ (AB é paralelo ao eixo Oy)

Exemplo 2: Determinar k, nos casos:

a) $A(-3, 2)$, $B(2, k)$ e $AB = 5\sqrt{5}$

$\sqrt{(\Delta x)^2 + (\Delta y)^2} = 5\sqrt{5} \Rightarrow \sqrt{(-3-2)^2 + (2-k)^2} = 5\sqrt{5} \Rightarrow$

$25 + (2-k)^2 = 125 \Rightarrow (2-k)^2 = 100 \Rightarrow 2-k = \pm 10 \Rightarrow$

$2-k = -10 \lor 2-k = 10 \Rightarrow \boxed{k = 12} \lor \boxed{k = -8}$

b) $A(2, 4)$, $B(k, -k)$ e $AB = 6$

$\sqrt{(2-k)^2 + (4+k)^2} = 6 \Rightarrow 4 - 4k + k^2 + 16 + 8k + k^2 = 36 \Rightarrow$

$2k^2 + 4k - 16 = 0 \Rightarrow k^2 + 2k - 8 = 0 \Rightarrow (k+4)(k-2) = 0 \Rightarrow \boxed{k = -4} \lor \boxed{k = 2}$

c) $A(k, -2)$, $B(-3, k+3)$ e $AB = 10$

$\sqrt{(k+3)^2 + (k+5)^2} = 10 \Rightarrow k^2 + 6k + 9 + k^2 + 10k + 25 = 100 \Rightarrow$

$2k^2 + 16k - 66 = 0 \Rightarrow k^2 + 8k - 33 = 0 \Rightarrow (k+11)(k-3) = 0 \Rightarrow$

$\boxed{k = -11} \lor \boxed{k = 3}$

Exemplo 3: Determinar o ponto P, nos casos:

a) P está no eixo das ordenadas e dista 5 de $A(3, 2)$

1) P está em Oy $\Rightarrow x_p = 0 \Rightarrow P(0, y)$

2) $AP = 5 \Rightarrow \sqrt{(\Delta x)^2 + (\Delta y)^2} = 5 \Rightarrow (\Delta x)^2 + (\Delta y)^2 = 25 \Rightarrow$

$(0-3)^2 + (y-2)^2 = 25 \Rightarrow 9 + y^2 - 4y + 4 = 25 \Rightarrow y^2 - 4y - 12 = 0$

$\Rightarrow (y-6)(y+2) = 0 \Rightarrow y = 6 \lor y = -2 \Rightarrow \boxed{P(0, 6)} \lor \boxed{P(0, -2)}$

Podemos resolver a equação assim: $(0-3)2^2 + (y-2)^2 = 25 \Rightarrow (y-2)^2 = 16 \Rightarrow$

$y - 2 = \pm 4 \Rightarrow y - 2 = 4 \lor y - 2 = -4 \Rightarrow y = 6 \lor y = -2$

b) P está na bissetriz dos quadrantes pares e dista $2\sqrt{17}$ de $A(4, 6)$

1) P está na $b_p \Rightarrow y_p = -x_p \Rightarrow P(x, -x)$

2) $AP = 2\sqrt{17} \Rightarrow \sqrt{(\Delta x)^2 + (\Delta y)^2} = 2\sqrt{17} \Rightarrow (\Delta x)^2 + (\Delta y)^2 = 68 \Rightarrow$

$(x-4)^2 + (-x-6)^2 = 68 \Rightarrow x^2 - 8x + 16 + x^2 + 12x + 36 = 68 \Rightarrow$

$2x^2 + 4x - 16 = 0 \Rightarrow x^2 + 2x - 8 = 0 \Rightarrow (x+4)(x-2) = 0 \Rightarrow$

$x = -4 \lor x = 2 \Rightarrow \boxed{P(-4, 4)} \lor \boxed{P(2, -2)}$

1 Determinar a distância entre os pontos A e B, nos casos:

a) A(−4, 7), B(1, −5)

b) A(−3, −2), B(0, 4)

c) A(−2, 7), B(−10, −8)

2 Determinar k, nos casos:

a) A(−4, 8), B(k, −4) e AB = 15

b) A(k, k − 5), B(5, 10) e AB = $5\sqrt{10}$

3 Determinar o ponto P, nos casos:

a) Está no eixo das abscissas e dista $2\sqrt{5}$ de A(−4, 2).

b) Está no eixo das ordenadas e dista $3\sqrt{10}$ de A(−3, −1)

4 Determinar o ponto P nos casos:

a) Está na bissetriz dos quadranters ímpares e dista $2\sqrt{37}$ de A(10, – 4).

b) Está na bissetriz dos quadrantes pares e dista $2\sqrt{17}$ de A(– 7, – 3).

5 Determinar um ponto do eixo das abscissas que equidista dos pontos A(– 1, 2) e B(5, 8).

6 Determinar um ponto da bissetriz dos quadrantes pares que é equidistante de A(– 2, 10) e B(14, 2).

7 Determinar um ponto que seja equidistante de A(– 12, – 4), B(4, 8) e C(2, 10).

8 Determinar o vértice A de um triângulo equilátero ABC dados B(– 2, 3) e C(4, –1).

Resp: **1** a) 13 b) $3\sqrt{5}$ c) 17   **2** a) – 13 ou 5   b) 0 ou 20   **3** a) (0, 0) ou (– 8, 0)   b) (0, – 10) ou (0, 8)

2 – Circunferência (Revisão)

1) Equação reduzida e equação geral

Seja P(x, y) um ponto da circunferência de centro C(a, b) e raio r. Como PC = r, obtemos:

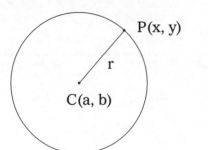

PC = r ⇒

$$\sqrt{(x-a)^2 + (y-b)^2} = r \Rightarrow \boxed{(x-a)^2 + (y-b)^2 = r^2}$$

Esta equação é chamada equação reduzida da circunferência.

Desenvolvendo os quadrados dos binômios obtemos a equação geral da circunferência.

$(x-a)^2 + (y-b)^2 = r^2 \Rightarrow x^2 - 2ax + a^2 + y^2 - 2by + b^2 = r^2 \Rightarrow$

$$\boxed{x^2 + y^2 - 2ax - 2by + a^2 + b^2 - r^2 = 0}$$

2) Equações paramétricas

Quando expressamos as coordenadas do ponto P(x, y) de uma curva em função de parâmetros, chamamos as equações obtidas de equações paramétricas desta curva e dizemos que fizemos uma parametrização desta curva.

Observe uma parametrização para a circunferência de centro C(a, b) e raio **r**.

Seja **t** o número real que expressa em radianos o arco trigométrico.

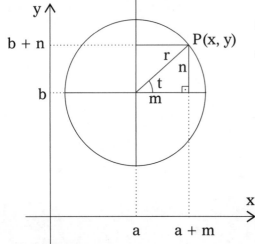

Sendo P(x, y) um ponto qualquer da circunferência de centro C(a, b) e raio **r**, note que

$$\begin{cases} x = a + m \\ y = b + n \end{cases}, \text{ onde:}$$

$$\begin{cases} \cos t = \dfrac{m}{r} \Rightarrow m = r \cos t \\ \operatorname{sen} t = \dfrac{n}{r} \Rightarrow n = r \operatorname{sen} t \end{cases}. \text{ Então:}$$

$$\boxed{\begin{cases} x = a + r \cos t \\ y = b + r \operatorname{sen} t \end{cases}, \text{ com } t \in \mathbb{R}}$$

Estas equações obtidas são chamadas equações paramétrica da circunferência com C(a, b) e raio **r**.

Note que para obtermos a reduzida a partir destas, fazemos assim:

$x = a + r \cos t \Rightarrow \cos t = \dfrac{x-a}{r}$ e $y = b + r \operatorname{sen} t \Rightarrow \operatorname{sen} t = \dfrac{y-b}{r}$

Como $\cos^2 t + \operatorname{sen}^2 t = 1$, obtemos $\left(\dfrac{x-a}{r}\right)^2 + \left(\dfrac{y-b}{r}\right)^2 = 1 \Rightarrow \boxed{(x-a)^2 + (y-b)^2 = r^2}$

Exemplo 1: Escrever as equações reduzida e geral da circunferência, dados o centro e o raio, nos casos:

a) C(– 2, 4) e r = 7

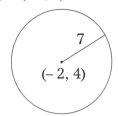

$(x - a)^2 + (y - b)^2 = r^2$

$[x - (-2)]^2 + (y - 4)^2 = 7^2$

$\boxed{(x + 2)^2 + (y - 4)^2 = 49}$

$x^2 + 4x + 4 + y^2 - 8y + 16 = 49$

$\boxed{x^2 + y^2 + 4x - 8y - 29 = 0}$

b) C(3, – 8) e r = 5

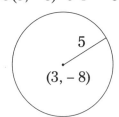

$(x - a)^2 + (y - b)^2 = r^2$

$(x - 3)^2 + [y - (-8)]^2 = 5^2$

$\boxed{(x - 3)^2 + (y + 8)^2 = 25}$

$x^2 - 6x + 9 + y^2 + 16y + 64 = 25$

$\boxed{x^2 + y^2 - 6x + 16y + 48 = 0}$

Exemplo 2: Escrever na forma de equações paramétricas a circunferência de centro C(– 2, 4) e raio r = 7.

$\begin{cases} x = a + r \cos t \\ y = b + r \sen t \end{cases} \Rightarrow \begin{cases} x = -2 + 7 \cos t \\ y = 4 + 7 \sen t \end{cases}, \ t \in \mathbb{R}$

Exemplo 3: Determinar o centro e o raio da circunferência, nos casos:

a) $(x - 4)^2 + (y - 8)^2 = 100$

C(4, 8) e r = 10

b) $(x + 5)^2 + (y - 9)^2 = 20$

C(– 5, 9) e r = $2\sqrt{5}$

c) $x^2 + y^2 = 5$

C(0, 0) e r = $\sqrt{5}$

---

d) $x^2 + y^2 - 6x + 10y - 2 = 0$

Dá para fazer assim: – 6 = – 2a, 10 = – 2b e – 2 = $a^2 + b^2 - r^2$, mas podemos completar os quadrados e escrever a equação reduzida. Veja:

$x^2 - 6x + \underline{\quad} + y^2 + 10y + \underline{\quad} - 2 = \underline{\quad} + \underline{\quad}$

$\left(\dfrac{6}{2}\right)^2 = 9 \quad e \quad \left(\dfrac{10}{2}\right)^2 = 25 \Rightarrow$

$x^2 - 6x + \underline{9} + y^2 + 10y + \underline{25} - 2 = \underline{9} + \underline{25}$

$(x - 3)^2 + (y + 5)^2 = 36 \Rightarrow \boxed{C(3, -5) \ e \ r = 6}$

---

e) x = 6 + 8 cost e y = – 7 + 8 sent

$\cos t = \dfrac{(x-6)}{8}$ e sent = $\dfrac{y+7}{8} \Rightarrow \dfrac{(x-6)^2}{8^2} + \dfrac{(y+7)^2}{8^2} = 1 \Rightarrow$

$(x - 6)^2 + (y + 7)^2 = 64 \Rightarrow (6, -7)$ e r = 8

Resp: **4** a) (8, 8) ou (– 2, – 2) b) (– 5, 5) ou (1, – 1) **5** (7, 0) **6** (2, – 2) **7** (– 4, 2) **8** A($1 + 2\sqrt{3}, 1 + 3\sqrt{3}$) ou A = ($1 - 2\sqrt{3}, 1 - 3\sqrt{3}$)

Exemplo 4: Verificar se a equação $x^2 + y^2 - 8x + 12y + 60 = 0$ é equação de uma circunferência.

$x^2 + y^2 - 8x + 12y + 60 = 0$

$x^2 - 8x + \underline{16} + y^2 + 12y + \underline{36} + 60 = \underline{16} + \underline{36} \Rightarrow$

$(x-4)^2 + (y+6)^2 = -60 + 52 = -8 \Rightarrow r^2 = -8, r \notin \mathbb{R} \Rightarrow$

a equação dada não é de uma circunferência.

Exemplo 5: Determinar k de modo que a equação dada seja a equação de uma circunferência.

$x^2 + y^2 - 10x + 2y + k = 0$

$x^2 - 10x + + y^2 + 2y + + k = 0 \Rightarrow x^2 - 10x + 25 + y^2 + 2y + 1 + k = 25 + 1$

$(x-5)^2 + (y+1)^2 = 26 - k$

$r^2 = 26 - k > 0 \Rightarrow -k > -26 \Rightarrow \boxed{k < 26, k \in \mathbb{R}}$

Resposta: $k < 26, k \in \mathbb{R}$

Exemplo 6: Determinar os pontos de intersecção da circunferência $x^2 + y^2 - 4x + 6y - 12 = 0$ com

a) A bissetriz dos quadrantes ímpares.

b) A bissetriz dos quadrantes pares.

a) P está em $b_i \Rightarrow y = x \Rightarrow P(x, x) \Rightarrow x^2 + x^2 - 4x + 6x - 12 = 0$

$2x^2 + 2x - 12 = 0 \Rightarrow x^2 + x - 6 = 0 \Rightarrow (x+3)(x-2) = 0 \Rightarrow$

$x = -3$ ou $x = 2 \Rightarrow P(-3, -3)$ ou $P(2, 2) \Rightarrow \boxed{(-3, -3) \text{ e } (2, 2)}$

b) P está em $b_p \Rightarrow y = -x \Rightarrow P(x, -x) \Rightarrow x^2 + x^2 - 4x + 6(-x) - 12 = 0 \Rightarrow$

$2x^2 - 10x - 12 = 0 \Rightarrow x^2 - 5x - 6 = 0 \Rightarrow (x-6)(x+1) = 0 \Rightarrow$

$x = 6$ ou $x = -1 \Rightarrow P(6, -6)$ ou $P(-1, 1) \Rightarrow \boxed{(6, 6) \text{ e } (-1, 1)}$

Resposta: $(6, 6)$ e $(-1, 1)$

9 Escrever a equação reduzida e a equação geral da circunferência, nos casos:

a)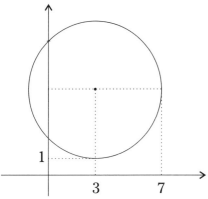

b)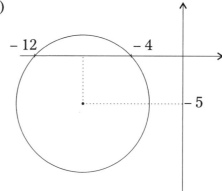

c) $C(-4, 6)$ e $r = 9$

d) $C(3, -2)$ e $r = 5\sqrt{2}$

e) $C(0, -5)$ e $r = 1$

f) $C(0, 0)$ e $r = 5$

g) $C\left(2, -\frac{1}{2}\right)$ e $r = \frac{\sqrt{3}}{2}$

10 Dada a equação reduzida da circunferência, determinar o centro e o raio, nos casos:

a) $(x - 7)^2 + (y + 2)^2 = 25$

b) $x^2 + (y - 4)^2 = 20$

c) $(x + 9)^2 + y^2 = 200$

d) $x^2 + y^2 = 25$

11 Dada a equação geral da circunferência, determinar o seu centro e raio, nos casos:

a) $x^2 + y^2 - 8x + 14y + 49 = 0$

b) $x^2 + y^2 + 10x - 12y - 39 = 0$

c) $x^2 + y^2 - 12x + 16y = 0$

d) $x^2 + y^2 - 24x = 0$

e) $4x^2 + 4y^2 - 4y - 3 = 0$

f) $9x^2 + 9y^2 - 12x + 18y - 95 = 0$

12 Determinar k, de modo que a equação dada seja a equação de uma circunferência, nos casos:

a) $x^2 + y^2 - 6x + 4y + k = 0$

b) $x^2 + y^2 + 14x - 2y + 3k + 2 = 0$

c) $x^2 + y^2 + (k-1)x - 2ky + 3k + 1 = 0$

13 Se a equação $(2k-1)x^2 + (k+2)y^2 + (k-1)x - (k+3)y - 3k - 1 = 0$ é de uma circunferência, determinar o seu centro e raio.

Resp: **9** a) $(x-3)^2 + (y-5)^2 = 16$; $x^2 + y^2 - 6x - 10y + 18 = 0$ b) $(x+8)^2 + (y+5)^2 = 41$; $x^2 + y^2 + 16x + 10y + 48 = 0$
c) $(x+4)^2 + (y-6)^2 = 81$; $x^2 + y^2 + 8x - 12y - 29 = 0$ d) $(x-3)^2 + (y+2)^2 = 50$; $x^2 + y^2 - 6x + 4y - 37 = 0$
e) $x^2 + (y+5)^2 = 1$; $x^2 + y^2 + 10y + 24 = 0$ f) $x^2 + y^2 = 25$; $x^2 + y^2 - 25 = 0$
g) $(x-2)^2 + \left(y+\dfrac{1}{2}\right)^2 = \dfrac{3}{4}$; $4x^2 + 4y^2 - 16x + 4y + 14 = 0$

14 Se para k positivo, a equação $x^2 + y^2 - 2kx + (k + 2)y - 3k + 1 = 0$ é uma circunferência de raio 6, determinar o seu centro.

15 Se o ponto P(– 1, 4) pertence à circunferência de equação
$x^2 + y^2 - (k - 14)x + (k - 10)y - 3k - 3 = 0$, determinar o seu centro e raio.

16 Determinar a equação da circunferência que tem centro C e passa por P, nos casos:

a) C(– 1, 7) e P(– 4, 3)

b) C(3, – 4) e P(– 2, 8)

17 Determinar os pontos que a circunferência tem em comum com os eixos coordenados, nos casos:

a) $(x - 4)^2 + (y - 5)^2 = 25$

b) $x^2 + y^2 - 10x + 2y - 24 = 0$

18 Determine a equação da circunferência circunscrita ao triângulo ABC, dados A(8, – 2), B(3, – 7) e C(6, 2).

Resp: **10** a) C(7, – 2), r = 5   b) C(0, 4), r = $2\sqrt{5}$ c) C(– 9, 0), r = $10\sqrt{2}$ d) C(0, 0), r = 5

11 a) C(4, – 7), r = 4   b) C(– 5, 6), r = 10   c) C(6, – 8), r = 10   d) C(12, 0), r = 12

e) $C\left(0, \frac{1}{2}\right), r = 1$ f) $C\left(\frac{2}{3}, -1\right), r = 2\sqrt{3}$ **12** a) $k < 13, k \in \mathbb{R}$ b) $k < 16, k \in \mathbb{R}$

c) $k < -\frac{1}{5} \vee k > 3, k \in \mathbb{R}$ **13** $C\left(-\frac{1}{5}, \frac{3}{5}\right)$ e $r = \frac{2\sqrt{15}}{5}$

19 Determinar os pontos de interseção da circunferência de equação $x^2 + y^2 - 6x - 4y - 12 = 0$ com as bissetrizes dos quadrantes.

---

20 Determinar os pontos de interseção das circunferências
$(f_1)\ x^2 + y^2 + 4x - 2y - 20 = 0$ e $(f_2)\ x^2 + y^2 - 2x + 10y + 16 = 0$ e o comprimento da corda comum a elas.

21 Determinar o comprimento da corda da circunferência de equação
$x^2 + y^2 - 8x + 4y - 16 = 0$, sendo M(7, 5) o ponto médio desta corda.

22 Determinar a equação da circunferência que passa por (4, 2) e tangencia os eixos coordenados.

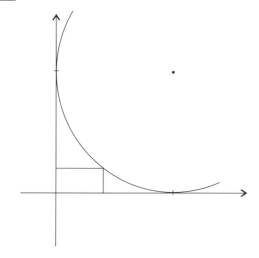

23 Determinar a corda comum às circunferências que passam por P(10, – 2) e tangenciam os eixos coordenados.

Resp: **14** C(4, – 3) **15** C(3, – 5) e $r = \sqrt{97}$ **16** a) $(x + 1)^2 + (y - 7)^2 = 25$ b) $(x - 3)^2 + (y + 4)^2 = 169$
17 a) (0, 2), (0, 8), (4, 0) b) (– 2, 0), (12, 0), (0, – 6), (0, 4) **18** $x^2 + y^2 - 6x + 4y - 12 = 0$

3 – Posição entre um ponto e uma circunferência

Considere uma circunferência **f** de centro C(a, b) e raio **r**.

A respeito da posição relativa entre um ponto **P** e a circunferência **f**, podemos afirmar que:

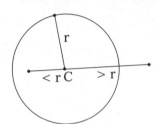

P está na circunferência $f \Leftrightarrow PC = r \Leftrightarrow PC^2 = r^2 \Leftrightarrow PC^2 - r^2 = 0$

P é interior à circunferência $f \Leftrightarrow PC < r \Leftrightarrow PC^2 < r^2 \Leftrightarrow PC^2 - r^2 < 0$

P é exterior à circunferência $f \Leftrightarrow PC > r \Leftrightarrow PC^2 > r^2 \Leftrightarrow PC^2 - r^2 > 0$

Observe: $PC^2 - r^2 = \left(\sqrt{(x_p - a)^2 + (y_p - b)^2}\right)^2 - r^2 = x_p^2 + y_p^2 - 2ax_p - 2by_p + a^2 + b^2 - r^2$,

considerando a expressão $E(x, y) = x^2 + y^2 - 2ax - 2by + a^2 + b^2 - r^2$, expressão do primeiro membro da equação geral da circunferência, note que $PC^2 - r^2 = E(x_p, y_p)$.

Então podemos determinar a posição relativa entre um ponto $P(x_p, y_p)$ e uma circunferência **f** de equação geral $E(x, y) = x^2 + y^2 - 2ax - 2by + a^2 + b^2 - r^2$ da seguinte forma:

> $E(x_p, y_p) = 0 \Leftrightarrow$ P está na circunferênca f
>
> $E(x_p, y_p) < 0 \Leftrightarrow$ P é interior à circunferência f
>
> $E(x_p, y_p) > 0 \Leftrightarrow$ P é exterior à circunferência f

---

Exemplo 1: Determinar a posição relativa entre os pontos A(– 1, 3), B(– 2, 2) e C(3, – 2) e a circunferência **f** de equação $x^2 + y^2 + 6x - 3y + 5 = 0$

Considere a expressão $E(x, y) = x^2 + y^2 + 6x - 3y + 5$

• A (–1, 3) ⇒ E (–1, 3) = (–1)² + 3² + 6(–1) – 3(3) + 5 ⇒ E(– 1, 3) = 0
⇒ **A pertence à circunferência f**.

• B (– 2, 2) ⇒ E(– 2, 2) = (– 2)² + 2² + 6(– 2) – 3(2) + 5 = 13 – 18 = – 5 ⇒ E(– 2, 2) < 0
⇒ **B é interior à circunferência f**.

• C(3, – 2) ⇒ E(3, – 2) = 3² + (– 2)² + 6(3) – 3(– 2) + 5 = 42 ⇒ E(3, – 2) > 0
⇒ **C é exterior à circunferência f**.

Exemplo 2: Determinar k para que o ponto P(5, – 2) seja interno à circunferência de equação $x^2 + y^2 - 6x + 8y - 2k + 3 = 0$

Resolução: Sendo $E(x, y) = x^2 + y^2 - 6x + 8y - 2k + 3$, para que (5, – 2) seja interno, devemos ter E(5, – 2) < 0. Então:

$5^2 + (-2)^2 - 6(5) + 8(-2) - 2k + 3 < 0 \Rightarrow$

$25 + 4 - 30 - 16 - 2k + 3 < 0 \Rightarrow -14 - 2k < 0 \Rightarrow 2k > -14 \Rightarrow \boxed{k > -7}$

Obs: Neste caso o que se obtém é $(x - a)^2 + (y - b)^2 < r^2 \Rightarrow r^2 > 0 \Rightarrow r > 0$, o que garante que a equação dada é de uma circunferência. Então não é necessário determina k para que a equação seja a de uma circunferência.

Exemplo 3: Determinar k para que o ponto P(– 2, 3) seja externo à circunferência de equação $x^2 + y^2 - 4x - 14y + 4k + 1 = 0$.

Obs.: Quando falamos externo à circunferência, consideramos externo ao círculo determinado por ela.

Resolução: (1) Sendo $E(x, y) = x^2 + y^2 - 4x - 14y + 4k + 1$, para que (– 2, 3) seja externo devemos ter $E(-2, 3) > 0$. Então:

$(-2)^2 + 3^2 - 4(-2) - 14(3) + 4k + 1 > 0 \Rightarrow 4 + 9 + 8 - 42 + 4k + 1 > 0 \Rightarrow$

$\Rightarrow 4k > 20 \Rightarrow \boxed{k > 5}$

(2) Neste caso o que se obtém é $(x - a)^2 + (y - b)^2 > r^2$, o que não implica em $r^2 > 0$. Então devemos determinar para quais valores de k a equação é de uma circunferência.

(3) $x^2 - 4x + 4 + y^2 - 14y + 49 + 4k + 1 = 4 + 49 \Rightarrow$

$(x - 2)^2 + (y - 7)^2 = -4k + 52 = r^2 \Rightarrow -4k + 52 > 0 \Rightarrow 4k < 52 \Rightarrow \boxed{k < 13}$

(1) e (2) $\Rightarrow k > 5 \wedge k < 13 \Rightarrow \boxed{5 < k < 13, k \in \mathbb{R}}$

Exemplo 4: Considere a equação $x^2 + y^2 + 6x - (k - 1)y - 2k = 0$. Determinar:

a) k para que ela seja equação de uma circunferência.

b) k para que o ponto (3, – 2) seja exterior a ela.

c) k para que o ponto (– 4, 2) seja exterior a ela.

Resolução: a) $x^2 + 6x + 9 + y^2 - (k-1)y + \frac{(k-1)^2}{4} - 2k = 9 + \frac{(k-1)^2}{4} \Rightarrow$

$(x + 3)^2 + \left(y - \frac{k-1}{2}\right)^2 = \frac{(k-1)^2}{4} + 2k + 9 = r^2 \Rightarrow$

$\frac{(k-1)^2}{4} + 2k + 9 > 0 \Rightarrow k^2 - 2k + 1 + 8k + 36 > 0 \Rightarrow k^2 + 6k + 37 > 0$

$\Delta = 36 - 148 = -112 \Rightarrow \Delta < 0 \Rightarrow k^2 + 6k + 37 > 0, \boxed{\forall k \in \mathbb{R}}$

A equação é de circunferência para todo k real.

b) $E(3, -2) = 3^2 + (-2)^2 + 6(3) - (k-1)(-2) - 2k > 0 \Rightarrow$

$\Rightarrow 9 + 4 + 18 + 2k - 2 - 2k > 0 \Rightarrow 0k + 29 > 0 \Rightarrow \boxed{0k > -29}$

$0k > -29$ para todo k real. Então, o ponto (3, – 2) é externo à circunferência para todo k real.

c) $E(-4, 2) = (-4)^2 + (2)^2 + 6(-4) - (k-1)(2) - 2k > 0$

$16 + 4 - 24 - 2k + 2 - 2k > 0 \Rightarrow -4k > 2 \Rightarrow \boxed{k < -\frac{1}{2}}$

(– 4, 2) é externo para todo k real com $k < -\frac{1}{2}$

Resp: **19** (– 1, – 1), (6, 6), (– 2, 2), (3, –3)   **20** (2, – 2), (– 2, – 4), $2\sqrt{5}$ **21** $6\sqrt{2}$

22 $(x - 2)^2 + (y - 2)^2 = 4$ ou $(x - 10)^2 + (y - 10)^2 = 100$ **23** $8\sqrt{2}$

Exemplo 5: Determinar k para que o ponto P(2, 4) seja exterior à circunferência $x^2 + y^2 + 4x - (k + 2)y + 2k + 8 = 0$.

Resolução: (1) No caso do ponto ser externo, devemos determinar k para que a equação seja de circunferência.

$$x^2 + 4x + 4 + y^2 - (k+2)y + \frac{(k+2)^2}{4} + 2k + 8 = 4 + \frac{(k+2)^2}{4} \Rightarrow$$

$$(x+2)^2 + \left(y - \frac{k+2}{2}\right)^2 = 4 + \frac{(k+2)^2}{4} - 2k - 8 = r^2 > 0 \Rightarrow$$

$$\frac{(k+2)^2}{4} - 2k - 4 > 0 \Rightarrow k^2 + 4k + 4 - 8k - 16 > 0 \Rightarrow k^2 - 4k - 12 > 0$$

$$\Rightarrow (k-6)(k+2) > 0 \Rightarrow \boxed{k < -2 \lor k > 6}$$

(2) Sendo $E(x, y) = x^2 + y^2 + 4x - (k + 2)y + 2k + 8$, para que (2, 4) seja externo devemos ter $E(2, 4) > 0$. Então:

$$2^2 + 4^2 + 4 \cdot 2 - 4(k + 2) + 2k + 8 > 0 \Rightarrow 28 - 4k - 8 + 2k + 8 > 0 \Rightarrow$$

$$-2k + 28 > 0 \Rightarrow 2k < 28 \Rightarrow \boxed{k < 14}$$

Então: $\boxed{k < -2 \lor 6 < k < 14, k \in \mathbb{R}}$

Exemplo 6: Observe as regiões sombreadas do plano cartesiano, cujos pontos satisfazem a condição dada.

a) $y \geq x$

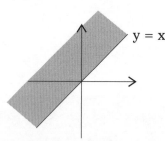

b) $y \leq x$

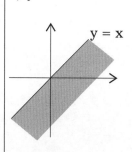

c) $y \geq -x$

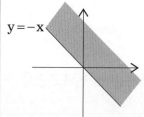

d) $y \leq -x$

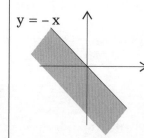

e) $|x| \leq 2$

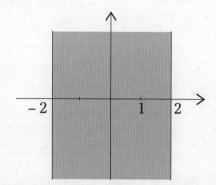

f) $|y| \geq 1$

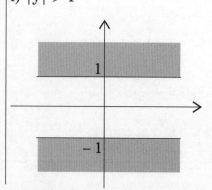

g) $xy \geq 0$

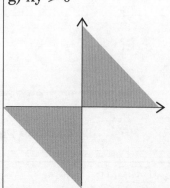

Exemplo 7: Observe as regiões sombreadas do plano cartesiano, cujos pontos satisfazem a condição dada.

a) $x^2 + y^2 \leq 4$
C(0, 0) e r = 2

b) $x^2 + y^2 \geq 1$
C(0, 0) e r = 1

c) $(x - 2)^2 + y^2 < 4$
C(2, 0) e r = 2

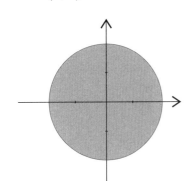
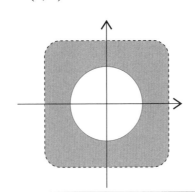
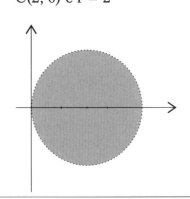

Exemplo 8: Sombrear a região dos pontos (x, y) tal que $y \geq |x|$

Resolução: Definição de módulo $|x| = \begin{cases} x, x \geq 0 \\ -x, x < 0 \end{cases}$

Vamos considerar dois casos:

(I) $y \geq |x|$ e $x \geq 0 \Rightarrow$
$y \geq x$

(II) $y \geq |x|$ e $x < 0 \Rightarrow$
$y \geq -x$

(I) 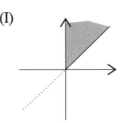   (II) 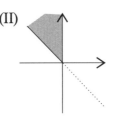 $y \geq |x|$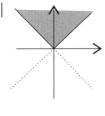

Exemplo 9: Sombrear a região dos pontos (x, y) tal que $|y| \geq |x|$

Resolução: **1º modo**: usar a propriedade $|y| \geq |x| \Rightarrow y^2 \geq x^2$ e considerar os dois casos possíveis:

$y^2 \geq x^2 \Rightarrow y^2 - x^2 \geq 0 \Rightarrow (y-x)(y+x) \geq 0 \Rightarrow (+)(+)$ ou $(-)(-) \Rightarrow$

(I) $y - x \geq 0 \wedge y + x \geq 0$ ∨   (II) $y - x \leq 0 \wedge y + x \leq 0$

$y \geq x \quad \wedge \quad y \geq -x \quad$ interseção $\quad | \quad y \leq x \quad \wedge \quad y \leq -x \quad$ interseção

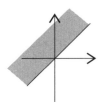  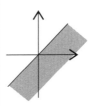 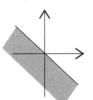 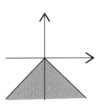

Então: $|y| \geq |x|$ é a união dos dois resultados

2º modo: definição de módulo e considerar os 4 casos:

$|y| = \begin{cases} y, y \geq 0 \\ -y, y < 0 \end{cases} \quad |x| = \begin{cases} x, x \geq 0 \\ -x, x < 0 \end{cases}$

(I)	(II)	(III)	(IV)
$y \geq 0, x \geq 0$	$y \geq 0, x < 0$	$y < 0, x \geq 0$	$y < 0, x < 0$
$y \geq x$	$y \geq -x$	$-y \geq x$	$-y \geq -x$

24 Dizer qual é a posição relativa entre o ponto **P** e a circunferência **f** de equação $x^2 + y^2 + 4x - 6y - 3 = 0$ nos casos:

Sugestão: Considere a expressão $E(x, y) = x^2 + y^2 + 4x - 6y - 3$

a) P(0, 0)

b) P(1, -1)

c) P(0, 3)

d) P(2, 3)

e) P(-4, 6)

f) P(2, 1)

25 Determine **k** nos casos:

a) De modo que a equação $x^2 + y^2 - 7x + 3y + k = 0$ seja equação de uma circunferência.

b) De modo que o ponto P(2, 3) seja interno à circunferência de equação $x^2 + y^2 + 2x - 3y + k = 0$.

c) De modo que o ponto P(2, -3) seja externo à circunferência de equação $x^2 + y^2 - 3x + 5y + k = 0$.

d) De modo que o ponto P(-1, 3) seja externo à circunferência $x^2 + y^2 - 2x - (k + 1)y + 2k = 0$.

26 Representar no plano cartesiano os pontos P(x, y) cujas coordenadas satisfazem a condição dada nos casos:

a) $x^2 + y^2 = 4$

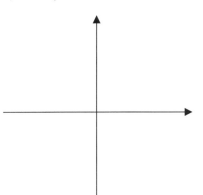

b) $x^2 + y^2 \leqslant 9$

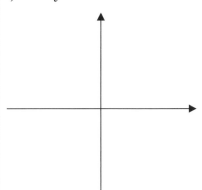

c) $x^2 + y^2 > 4$

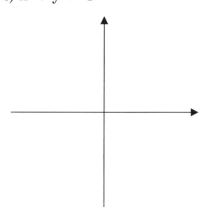

d) $x^2 + y^2 - 4x - 5 = 0$

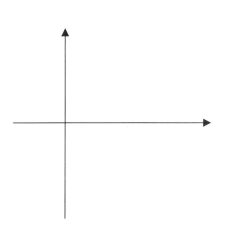

e) $x^2 + y^2 - 6y + 5 < 0$

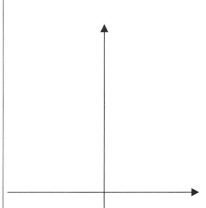

f) $x^2 + y^2 + 6x \geqslant 0$

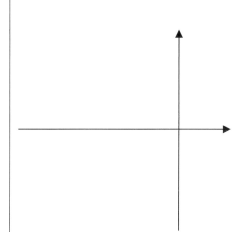

g) $\begin{cases} x \geqslant 0 \\ x^2 + y^2 - 6x - 2y - 15 \leqslant 0 \end{cases}$

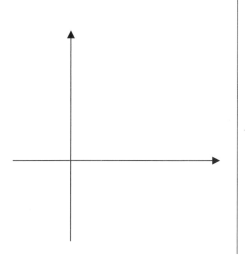

h) $\begin{cases} |x| > 1 \\ x^2 + y^2 - 9 \leqslant 0 \end{cases}$

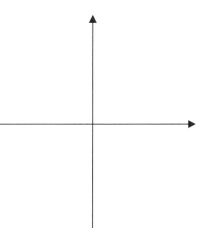

i) $\begin{cases} |x| \leqslant 1 \\ x^2 + y^2 - 9 \leqslant 0 \end{cases}$

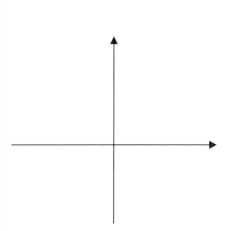

27 Sombrear a região dos pontos (x, y) que satisfazem a condição dada, nos casos:

a) $y \leqslant |x|$

b) $|y| \leqslant x$

c) $|y| \leqslant |x|$

28 Resolver graficamente os seguintes sistemas:

a) $\begin{cases} y > x \\ x^2 + y^2 \geqslant 9 \end{cases}$

b) $\begin{cases} y > -x \\ x^2 + y^2 \leqslant 25 \end{cases}$

c) $\begin{cases} |y| \geqslant |x| \\ x^2 + y^2 \geqslant 16 \end{cases}$

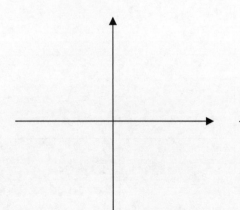
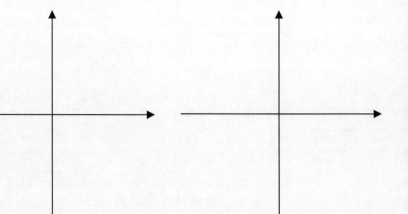

29 Resolver o sistema:

$$\begin{cases} x^2 + y^2 - 4x \geq 0 \\ x^2 + y^2 - 14x + 40 > 0 \\ x^2 + y^2 - 10x < 0 \end{cases}$$

30 Em cada caso está sombreado uma região do plano cartesiano.
Monte para cada caso um sistema de inequações cuja solução seja a região sombreada.

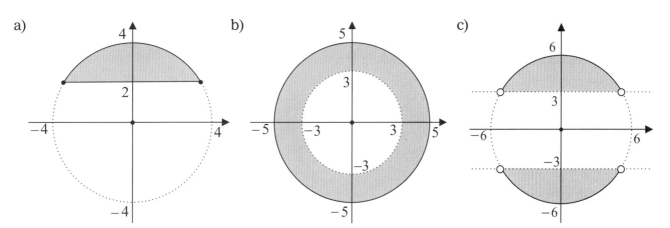

Resp: **24** a) Interno à f   b) Externo à f   c) Interno à f   d) Pertencente à f   e) Interno à f
     f) Externo à f   **25** a) $k < \frac{29}{2}$ b) $k < -8$ c) $8 < k < \frac{17}{2}$ d) $k < 1$ ou $5 < k < 9$

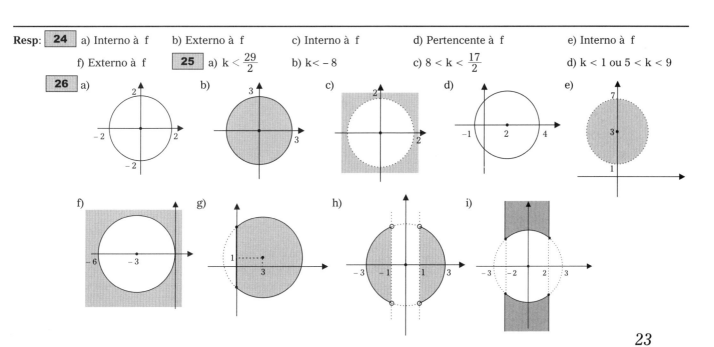

31 Em cada caso está sombreado uma região do plano cartesiano.
Monte para cada caso um sistema de inequações cuja solução seja a região sombreada.

a)
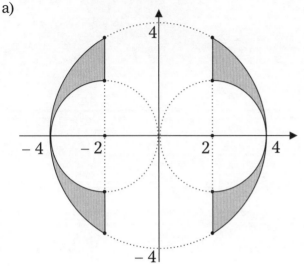

b)
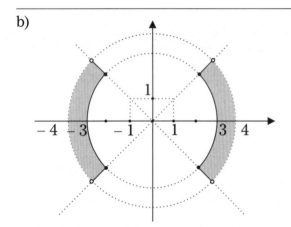

4 – Ponto médio de um segmento

Vamos considerar um segmento AB oblíquo aos eixos:

Como a projeção ortogonal do ponto médio de um segmento sobre uma reta, não perpendicular ao segmento, é o ponto médio da projeção ortogonal do segmento sobre a reta, concluímos que as coordenadas do ponto médio de um segmento $\overline{AB}$ são a coordenada-x e a coordenada-y dos pontos médios das projeções de $\overline{AB}$, respectivamente, sobre o eixo x e o eixo y do sistema de coordenadas.

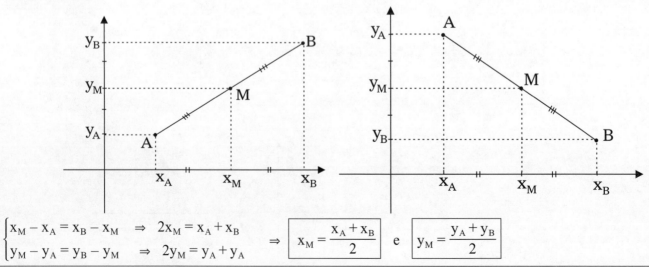

$\begin{cases} x_M - x_A = x_B - x_M \Rightarrow 2x_M = x_A + x_B \\ y_M - y_A = y_B - y_M \Rightarrow 2y_M = y_A + y_A \end{cases} \Rightarrow \boxed{x_M = \dfrac{x_A + x_B}{2}}$ e $\boxed{y_M = \dfrac{y_A + y_B}{2}}$

$$x_M = \frac{x_A + x_B}{2} \quad e \quad y_M = \frac{y_A + y_B}{2} \quad ou \quad M = \left(\frac{x_A + x_B}{2}, \frac{y_A + y_B}{2}\right)$$

Obs: Esta fórmula também é válida quando o segmento é paralelo a um dos eixos.

Exemplo: Determine o ponto médio de $\overline{AB}$ dados A(– 5, 6), e B(1, – 14).

$$x = \left(\frac{x_A + x_B}{2}, \frac{y_A + y_B}{2}\right) = \left(\frac{-5+1}{2}, \frac{6-14}{2}\right) = \left(\frac{-4}{2}, \frac{-8}{2}\right) = (-2, -4) \Rightarrow M(-2, -4)$$

Exemplo: Dados A(7, – 2) e M (– 5, 3), se **M** é o ponto médio de $\overline{AB}$, determine **B**.

$$\begin{cases} x_M = \dfrac{x_A + x_B}{2} \Rightarrow -5 = \dfrac{7 + x_B}{2} \Rightarrow -10 = 7 + x_B \Rightarrow x_B = -17 \\ y_M = \dfrac{y_A + y_B}{2} \Rightarrow 3 = \dfrac{-2 + y_B}{2} \Rightarrow 6 = -2 + y_B \Rightarrow y_B = 8 \end{cases}$$

$\Rightarrow$ B = (– 17,8) ou B (– 17, 8)

5 – Razão em que um ponto divide um segmento

Vamos considerar que o segmento AB seja oblíquo aos eixos.

De acordo com o teorema de Tales, se um ponto P divide um segmento $\overline{AB}$ em uma razão λ, então a projeção ortogonal de P sobre uma reta, não perpendicular ao segmento, divide a projeção desse segmento sobre a reta na mesma razão.

Podemos afirmar, então, que a razão em que um ponto de uma reta divide um segmento dessa reta é igual à razão em que a projeção ortogonal dele, sobre qualquer um dos eixos, divide a projeção ortogonal dele sobre o respectivo eixo. Então:

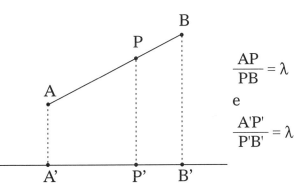

$$\frac{AP}{PB} = \lambda$$

e

$$\frac{A'P'}{P'B'} = \lambda$$

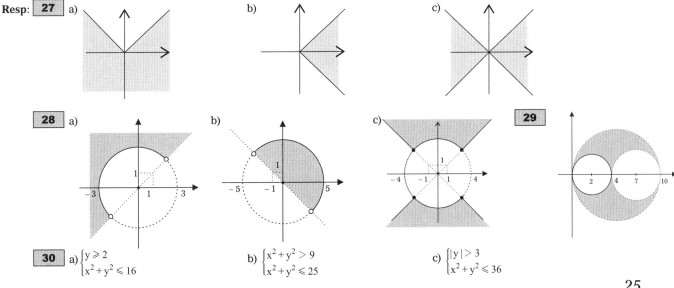

Resp: **27** a) b) c)

28 a) b) c) **29**

30 a) $\begin{cases} y \geq 2 \\ x^2 + y^2 \leq 16 \end{cases}$ b) $\begin{cases} x^2 + y^2 > 9 \\ x^2 + y^2 \leq 25 \end{cases}$ c) $\begin{cases} |y| > 3 \\ x^2 + y^2 \leq 36 \end{cases}$

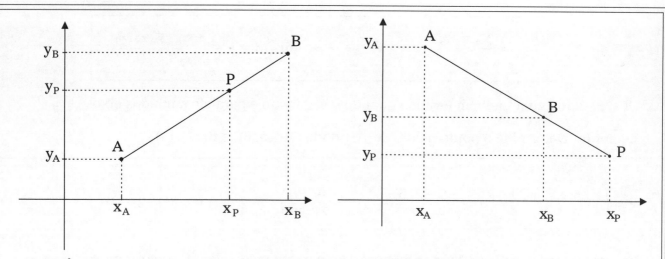

Sendo λ a razão em que o ponto **P** divide o segmento $\vec{AB}$, temos:

$$\frac{(\vec{AP})}{(\vec{PB})} = \frac{x_P - x_A}{x_B - x_P} = \lambda \quad \text{e} \quad \frac{(\vec{AP})}{(\vec{PB})} = \frac{y_P - y_A}{y_B - y_P} = \lambda$$

Se o problema for para determinar as coordenadas do ponto **P**, que divide $\vec{AB}$ na razão λ, podemos resolver o problema usando as equações anteriores ou isolar x_P e y_P nas equações anteriores. Obtendo:

$$x_P = \frac{x_A + \lambda x_B}{1 + \lambda} \quad \text{e} \quad y_P = \frac{y_A + \lambda y_B}{1 + \lambda}$$

Então o ponto P que divide $\vec{AB}$ na razão λ é dado por

$$P = \left(\frac{x_A + \lambda x_B}{1 + \lambda}, \frac{y_A + \lambda y_B}{1 + \lambda} \right)$$

Obs: Esta fórmula também é válida quando o segmento é paralelo a um dos eixos.

Exemplo: Determine a razão em que o ponto p(5, – 2) divide o segmento $\vec{AB}$, dados A(– 1, 7) e B(9, – 8).

Podemos achar esta razão usando a definição com as abscissas ou com as ordenadas.

$$\lambda = \frac{(\vec{AP})}{(\vec{PB})} \Rightarrow \begin{cases} \lambda = \dfrac{x_P - x_A}{x_B - x_P} = \dfrac{5 - (-1)}{9 - 5} = \dfrac{6}{4} = \dfrac{3}{2} \\ \quad\quad\quad\quad \text{ou} \\ \lambda = \dfrac{y_P - y_A}{y_B - y_P} = \dfrac{-2 - 7}{-8 - (-2)} = \dfrac{-9}{-6} = \dfrac{3}{2} \end{cases} \Rightarrow \boxed{\lambda = \dfrac{3}{2}}$$

Obs: 1) Note que os resultados obtidos são iguais.

2) Se o segmento for oblíquo aos eixos e os resultados não são iguais, isto significa que o ponto P não pertence à reta AB e portanto ele não divide $\vec{AB}$ em razão alguma.

3) Se o segmento for paralelo a um dos eixos, uma das expressões será $\dfrac{0}{0}$ e a outra será λ.

Exemplo: Determine o ponto **P** que divide o segmento $\vec{AB}$ na razão $-\dfrac{2}{3}$, dados A(-4, 5) e B(21, -15).

Basta aplicar a definição. Mas a solução seguinte é usando a fórmula:

$$\begin{cases} x_P = \dfrac{x_A + \lambda x_B}{1 + \lambda} = \dfrac{-4 + \left(-\dfrac{2}{3}\right) \cdot 21}{1 + \left(-\dfrac{2}{3}\right)} = \dfrac{-12 - 42}{3 - 2} = -54 \\ \\ y_P = \dfrac{y_A + \lambda y_B}{1 + \lambda} = \dfrac{5 + \left(-\dfrac{2}{3}\right)(-15)}{1 + \left(-\dfrac{2}{3}\right)} = \dfrac{15 + 30}{3 - 2} = 45 \end{cases} \Rightarrow \boxed{P(-54, 45)}$$

6 – Baricentro de um triângulo

A intersecção das medianas de um triângulo é chamado baricentro do triângulo. O **baricentro** divide cada mediana em duas partes onde a que contém o vértice é o dobro da outra.

Vamos deduzir uma fórmula que dá as coordenadas do baricentro **G** de um triângulo em função das coordenadas dos seus vértices.

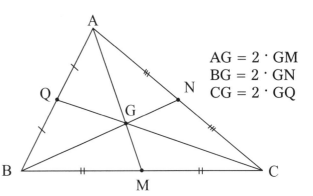

AG = 2 · GM
BG = 2 · GN
CG = 2 · GQ

i) Como M é ponto médio de $\overline{BC}$ temos:

$$x_M = \dfrac{x_B + x_C}{2} \quad \text{e} \quad y_M = \dfrac{y_B + y_C}{2}$$

ii) Como AG = 2 · GM, obtemos que $\dfrac{AG}{GM} = 2$. Isto é, o ponto G divide $\vec{AM}$ na razão $\lambda = 2$.

Usando agora a fórmula do item anterior obtemos:

$$\begin{cases} x_G = \dfrac{x_A + \lambda \cdot x_M}{1 + \lambda} = \dfrac{x_A + 2 \cdot \dfrac{x_B + x_C}{2}}{1 + 2} \Rightarrow x_G = \dfrac{x_A + x_B + x_C}{3} \\ \\ y_G = \dfrac{y_A + \lambda \cdot y_M}{1 + \lambda} = \dfrac{y_A + 2 \cdot \dfrac{y_B + y_C}{2}}{1 + 2} \Rightarrow y_G = \dfrac{y_A + y_B + y_C}{3} \end{cases}$$

Então:

$$\boxed{G = \left(\dfrac{x_A + x_B + x_C}{3}, \dfrac{y_A + y_B + y_C}{3}\right)}$$

Exemplo 1: Determine o baricentro de um triângulo ABC, dados A(– 5, 3), B(7, 8) e C(4, – 14)

$$G = \left(\frac{x_A+x_B+x_C}{3}, \frac{y_A+y_B+y_C}{3}\right) = \left(\frac{-5+7+4}{3}, \frac{3+8-14}{3}\right) = \left(\frac{6}{3}, -\frac{3}{3}\right) = (2,-1) \Rightarrow \boxed{G(2,-1)}$$

Exemplo 2: Se M(– 2, 6) é ponto médio de AB com A no eixo das ordenadas e B tem ordenada 7, determinar A e B.

$$\begin{cases} \dfrac{x+0}{2} = -2 \\ \dfrac{y+7}{2} = 6 \end{cases} \Rightarrow \begin{cases} x = -4 \\ y = 5 \end{cases} \Rightarrow \boxed{A(0,5) \text{ e } B(-4,7)}$$

(B(x, 7); M(–2, 6); A(0, y))

Exemplo 3: Dados A(4, – 8), a ordenada 6 de um ponto B e sabendo que o ponto médio M de AB está na bissetriz dos quadrantes ímpares, determinar B e M.

$$\begin{cases} a = \dfrac{-8+6}{2} \\ a = \dfrac{b+4}{2} \end{cases} \Rightarrow \begin{cases} a = -1 \\ -1 = \dfrac{b+4}{2} \end{cases} \Rightarrow \begin{cases} a = -1 \\ b = -6 \end{cases} \Rightarrow \boxed{B(-6,6) \text{ e } M(-1,-1)}$$

(B(b, 6); M(a, a); A(4, –8))

Exemplo 3: Se M(5, – 1) é ponto médio de AB com A(2a, 2 – 3b) e B(b + 3, 2a + 1), determinar A e B.

$$\begin{cases} \dfrac{2a+b+3}{2} = 5 \\ \dfrac{2-3b+2a+1}{2} = -1 \end{cases} \Rightarrow \begin{cases} 2a+b+3 = 10 \\ 3-3b+2a = -2 \end{cases} \Rightarrow$$

$$\begin{cases} 2a+b = 7 \\ 2a-3b = -5 \end{cases} \Rightarrow 4b = 12 \Rightarrow \boxed{b=3} \text{ e } \boxed{a=2}$$

a = 2 e b = 3 ⇒ A(2·2, 2 – 3·3) e B(3 + 3, 2·2 + 1) ⇒ $\boxed{A(4,-7) \text{ e } B(6,5)}$

Exemplo 4: Se A(– 5, 7), B(3, – 3) e C(11, 5) são vértices do paralelogramo ABCD, determinar D.

As diagonais de um paralelogramos se cortam ao meio. Então, ptm de AC é igual ao ptm (ponto médio) de BD.

Então: $\begin{cases} \dfrac{a+3}{2} = \dfrac{-5+11}{2} \Rightarrow a = 3 \\ \dfrac{b-3}{2} = \dfrac{7+5}{2} \Rightarrow b = 15 \end{cases} \Rightarrow \boxed{D(3,15)}$

Como B(3, – 3) e D(3, 15), note que a diagonal BD está em uma reta vertical.

Exemplo 6: Determinar o ponto que divide o segmento $\overrightarrow{AB}$ na razão $k = \dfrac{3}{2}$, dados $A(-5, -2)$ e $B(15, 8)$.

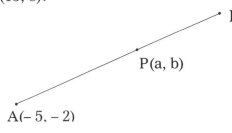

Vamos usar $\dfrac{x_P - x_A}{x_B - x_P} = k$ e $\dfrac{y_P - y_A}{y_B - y_P} = k$

$\begin{cases} \dfrac{a-(-5)}{15-a} = \dfrac{3}{2} \\ \dfrac{b-(-2)}{8-b} = \dfrac{3}{2} \end{cases} \Rightarrow \begin{cases} 2a + 10 = 45 - 3a \\ 2b + 4 = 24 - 3b \end{cases} \Rightarrow$

$\begin{cases} 5a = 35 \\ 5b = 20 \end{cases} \Rightarrow a = 7, \; b = 4 \Rightarrow \boxed{P(7, 4)}$

Também podemos usar as fórmulas: $x_p = \dfrac{x_A + kx_B}{1+k}$, $y_p = \dfrac{y_A + ky_B}{1+k}$

Exemplo 7: Dados $A(-1, 2)$ e $B(-3, 6)$, até que ponto $P(a, b)$ devemos prolongar AB, no sentido de A para B para que AP seja o quíntuplo de AB.

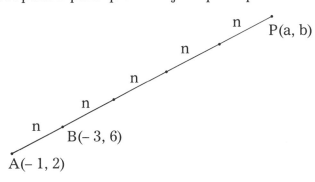

Olhe algumas razões que podemos usar

P divide $\overrightarrow{AB}$ $\Rightarrow \dfrac{(\overrightarrow{AP})}{(\overrightarrow{PB})} = \dfrac{5n}{-4n} = -\dfrac{5}{4}$

B divide $\overrightarrow{AP}$ $\Rightarrow \dfrac{(\overrightarrow{AB})}{(\overrightarrow{BP})} = \dfrac{n}{4n} = \dfrac{1}{4}$

B divide $\overrightarrow{PA}$ $\Rightarrow \dfrac{(\overrightarrow{PB})}{(\overrightarrow{BA})} = \dfrac{4n}{n} = 4$

Vamos usar $k = -\dfrac{5}{4}$. P divide $\overrightarrow{AB}$ $\Rightarrow \dfrac{(\overrightarrow{AP})}{(\overrightarrow{PB})} = -\dfrac{5}{4} \Rightarrow$

$\begin{cases} \dfrac{a-(-1)}{-3-a} = -\dfrac{5}{4} \\ \dfrac{b-2}{6-b} = -\dfrac{5}{4} \end{cases} \Rightarrow \begin{cases} 4a + 4 = 15 + 5a \\ 4b - 8 = -30 + 5b \end{cases} \Rightarrow \begin{cases} a = -11 \\ b = 22 \end{cases} \Rightarrow \boxed{P(-11, 22)}$

Exemplo 8: Dados o baricentro $G(1, -3)$ do triângulo ABC, $A(-1, -3)$ e $B(-5, -2)$, determinar C.

$\begin{cases} \dfrac{-1-5+a}{3} = 1 \\ \dfrac{-3-2+b}{3} = -3 \end{cases} \Rightarrow \begin{cases} a - 6 = 3 \\ b - 5 = -9 \end{cases} \Rightarrow \begin{cases} a = 9 \\ b = -4 \end{cases} \Rightarrow \boxed{C(9, -4)}$

Exemplo 9: Dado o vértice $A(-5, 9)$ e o baricenro $G(3, -3)$ de um triângulo ABC, determinar o ponto médio de BC.

G divide AC na razão 2 : 1. Então:

$\begin{cases} \dfrac{3-(-5)}{a-3} = 2 \\ \dfrac{-3-9}{b-(-3)} = 2 \end{cases} \Rightarrow \begin{cases} 2a - 6 = 8 \\ 2b + 6 = -12 \end{cases} \Rightarrow \begin{cases} a = 7 \\ b = -9 \end{cases} \Rightarrow \boxed{M(7, -9)}$

32 Determine o ponto médio do segmento AB, dados A(–1, 7) e B(5, 3).

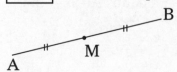

33 Determine o ponto médio do segmento AB nos casos:

a) A(–7, 3) e B(–1, –5)	b) A(8, –9) e B(–2, 1)	c) A(3, 4) e B(6, –1)

34 Dados A(7, –2) e M(–1, 5), determine **B**, sabendo que **M** é ponto médio de $\overline{AB}$.

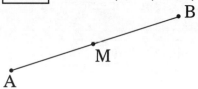

35 Determine o ponto **P**, simétrico de A(–5, 1), em relação a B(3, –4).

36 Se M(a – 2, b – 1) é ponto médio de $\overline{AB}$, sendo A(2a + 3, 2b – 4) e B(a + 8, b + 4), determine **A** e **B**.

37 Sendo A(2a – 3, a + 3b), B(b – 4a, 5a – 3b) e M(2b – 2a, 4a – 3b), onde **M** é ponto médio de $\overline{AB}$, determine **M**.

38 Resolver:

a) Se o ponto médio **M** do segmento AB, com A(2a + 3, a + 5) e B(5a − 2, 7 − 2a) pertence ao eixo das abscissas, determine A e B.

b) Sendo M(a + 3, 2 − 3a) o ponto médio de $\overline{AB}$ com A(3a − 7, a − 3) e B no eixo das ordenadas, determine A e B.

c) A e B estão, respectivamente, nas bissetrizes dos quadrantes pares e ímpares. Se M(1, 7) é ponto médio de $\overline{AB}$, determine A e B.

39 Resolver:

a) Se $\overline{AB}$, com A(− 5, 11) e B(− 1, 3), é um diâmetro de uma circunferência, determine o seu centro.

b) Determine o ponto de intersecção das diagonais de um paralelogramo ABCD dados B(− 1, 8) e D(5 , − 2).

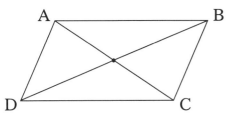

c) Determine o vértice D de um paralelogramo ABCD dados A(− 3, − 4), B(− 1, 4) e C(5, 6).

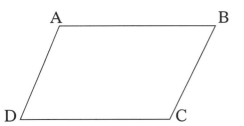

40 Se M(−3, 5) é o ponto de intersecção das diagonais de um paralelogramo ABCD, com A(5, 2) e B(−9, 1), determine C e D.

41 Se M(−3, 4), N(−9, 2) e P(3, −2) são os pontos médios dos lados de um triângulo, determine os vértices do triângulo.

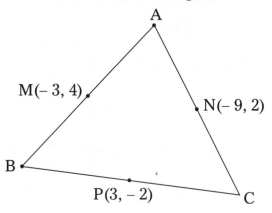

42 Determine a razão em que o ponto P(1, 4) divide o segmento $\overline{AB}$, dados A(−5, 13) e B(5, −2).
1º (Abscissas)

2º (Ordenadas)

43 Determine a razão em que o ponto P(−3, 7) divide o segmento $\overline{AB}$, dados A(7, −1) e B(12, −5).

44 Verifique se o ponto P(1, 17) divide $\vec{AB}$ em alguma razão, dados **A** e **B**, nos casos:

a) A(15, 7) e B(– 6, 22)

b) A(7, 11) e B(13, – 1)

---

45 Determine as coordenadas do ponto **P** que divide $\vec{AB}$ na razão $\lambda = -\frac{2}{5}$, dados A(17, – 4) e B(2, 14).

1º Modo (Usando definição)

2º Modo (Usando fórmula)

---

46 Determine o ponto que divide $\vec{PQ}$ na razão – 3, dados P(5, 2) e Q(13, – 10).

---

47 Se N(– 18, 11) divide $\vec{AB}$ na razão $-\frac{5}{2}$, determine A dado B(– 8, 5).

Resp: **32** M(2, 5) **33** a) M(– 4, – 1), b) M(3, – 4), c) M$\left(\frac{9}{2}, \frac{3}{2}\right)$ **34** B(– 9, 12)

35 P(11, – 9) **36** A(– 27, – 8), B(– 7, 2) **37** M(– 4, 9) **38** a) A(27, 17), B(58, – 17)

b) A(32, 10), B(0, – 84) c) A(– 6, 6), B(8, 8) **39** a) C(– 3, 7) b) M(2, 3) c) D(3, – 2)

48 Se A(1 − 3a, 3b + 2) divide $\overrightarrow{AB}$ na razão 2, com B(a +1, b + 2) e C (3 − 6a, 5b − 1), determine A, B e C.

49 Se P(− 5, k) está na reta AB, dados A(10, − 2) e B(15, − 5), determine k.

50 Determine o ponto de abscissa − 7, que pertence à reta AB, dados A(− 3, 5) e B(3, − 4).

51 Se os pontos A(− 1, 3), B(− 5, 9) e C(k, 18) são colineares, determine k.

52 Determine as coordenadas dos pontos que dividem o segmento AB em três partes iguais, dados A(13, − 13) e B(− 5, 11).

53 Até que ponto devemos prolongar o segmento AB, no sentido de A para B, para que o seu comprimento quintuplique. São dados A(7, −10) e B(3, −3).

54 Se A(a − 5, 2b), B(2b − 5, a − b), C(3b + 1, a − 7b) e B divide $\overrightarrow{AC}$ na razão $\frac{1}{2}$, determine A, B e C.

55 Se o ponto P(x, y) pertence à reta AB, com A(− 3, 1) e B(5, − 3), determine uma relação entre x e y.

56 Determine os pontos onde a reta AB encontra as bissetriz dos quadrantes. São dados A(− 4, 5) e B(6, 0).

57 Determine o baricentro do triângulo ABC dados A(3, − 7), B(− 4, 5) e C(7, 14).

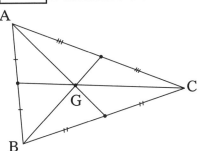

Resp: **40** C(− 11, 8), D(3, 9) **41** A(− 15, 8), B(9, 0), C(− 3, − 4) **42** $\frac{3}{2}$ **43** $-\frac{2}{3}$

44 a) sim, λ = 2 b) não, pois $-\frac{1}{2} \neq -\frac{1}{3}$ **45** P(27, − 16) **46** (17, − 16) **47** A(7, − 4)

58 Determine o baricentro do triângulo ABC nos casos:

a) A(5, −1), B(7, 9), C(6, 7)

b) (4, 9), B(−5, 6), C(7, −9)

59 Determine o vértice **A** de um triângulo ABC dados os vértices B(−4, −2) e C(5, −5) e o baricentro G(1, 4).

60 Resolver:

a) Se $\overline{AM}$ é mediana de um triângulo ABC, dados A(5, −2) e M(−13, 10), determine o baricentro do triângulo.

b) Dado o baricentro G(3, −2) e o ponto médio N(6, −8) do lado AC de um triângulo ABC, determine o vértice **B**.

c) Os vértices B e C de um triângulo ABC pertencem, respectivamente, às bissetrizes dos quadrantes ímpares e pares. Dados A(7, 13) e o baricentro G(−1, 3) do triângulo, determine B e C.

61 O baricentro de um triângulo é G(−2, 6) e o vértice A está sobre a bissetriz dos quadrantes pares e o ponto **M**, médio de $\overline{AC}$, está sobre a bissetriz dos quadrantes ímpares. Determine **A**.

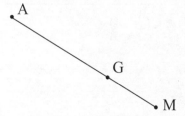

62 De um triângulo ABC com baricentro G(3, 3) sabemos que P(– 3, 3) é ponto médio de $\overline{AB}$ e N(7, 6) é ponto médio de $\overline{AC}$. Determine A, B e C.

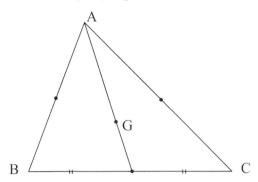

63 Dados os vértices A(– 1, – 2) e B(– 4, 4) de um quadrado ABCD, determine **C** e **D**.

64 Determine a bissetriz interna relativa ao vértice A de um triângulo ABC dados A(5, – 1), B(– 1, 7) e C(1, 2).

Resp: **48** A(– 5, 11), B(3, 5), C(– 9, 14)   **49** k = 7   **50** P(– 7, 11)   **51** k = – 11
52 (7,– 5) e (1, 3)   **53** P(– 13, 25)   **54** A(– 5, 4), B(– 1, – 2), C(7, – 14)
55 x + 2y + 1 = 0   **56** (2, 2) e (– 6, 6)   **57** G(2, 4)

65 Se A(–1, 4) e B(7, –2) são as extremidades de um diâmetro de uma circunferência, determine a equação dessa circunferência.

66 Determine a equação de uma circunferência de raio 7 que tangencia a circunferência f de equação $x^2 + y^2 - 8x + 12 = 0$ no ponto P(6, 0).

67 Determine a equação de uma circunferência de raio 5 que tangencia a circunferência f de equação $x^2 + y^2 + 12x + 6y - 180 = 0$ no ponto P(6, 6).

68 Determine o ponto médio do segmento AB nos casos:

a) A(– 7, 19) e B(5, – 5)   b) A(– 9, – 8) e B(5, – 6)   c) A(20, – 13) e B(– 4, 1)

69 Resolver:

a) Se M(– 2, 7) é ponto médio de $\overline{AB}$ onde A(7, 4), determine B.

b) Determine o simétrico de A(– 7, 9) em relação a B(9, – 7).

c) Sendo A(2a – 1, a + 8) e B(4 – 3a, 2a – 5), se o ponto médio **M** de $\overline{AB}$ está no eixo das abscissas, determine **M**.

70 Os pontos M(– 3, 4), N(– 2, – 7) e P(5, 2) são os pontos médios dos lados de um triângulo. Determine os vértices desse triângulo.

71 Usando apenas a fórmula de ponto médio determine os pontos que dividem $\overline{AB}$ em três partes iguais, dados A(– 1, 5) e B(14, – 4)

72 Se M(b – 3, 1 – b) é ponto médio de $\overline{AB}$, onde A(a – 5, b – a) e B(b + 1, 2a – 3b), determine M.

73 Resolver:

a) Dados A(– 5, 1) e B(6, 7) e M(2, – 3) onde **M** é a intersecção das diagonais do paralelogramo ABCD, determine C e D.

b) Determine o vértice D de um paralelogramo ABCD, dados A(– 3, 5), B(5, 4) e C(6, – 3).

74 Determine a razão em que o ponto P(– 1, 5) divide o segmento $\overline{AB}$, nos casos:

a) A(8, 11) e B(11, 13)   b) A(– 7, 14) e B(9, – 10)

75 Se P(5 – 3a, a) divide $\vec{AB}$ na razão $-\frac{4}{5}$, sendo A(b – a, 3 – 2a) e B(3a – 5b, 2 – 4b) determine **A** e **B**.

76 Resolver:

a) Dados A(12, – 5) e B(– 8, 10), determine o ponto **P** que divide $\vec{AB}$ na razão $\frac{2}{3}$.

b) Dados A(8, – 13) e B(5, – 8), se P(a, 2) pertence a reta AB, determine **P**.

c) Se **A** está no eixo x, B está no eixo y e o ponto A(12, 12) divide $\vec{AB}$ na razão $-\frac{2}{3}$, determine A e B.

77 Dados A(17, – 7), B(5, 2) e C(– 3, 8), determine a razão em que:

a) **B** divide $\vec{AC}$ b) **A** divide $\vec{BC}$ c) **C** divide $\vec{AB}$ d) **A** divide $\vec{CB}$ e) **A** divide $\vec{AB}$

Resp: **58** a) (6, 5)   b) (2, 2)   **59** A(2, 19)   **60** a) G(–7, 6)   b) B(–3, 10)   c) B(–7, –7), C(–3, 30)

61 A(–12, 12)   **62** A(–1, 9),   B(–5, –3),   C(15, 3)

63 C(2, 7) e D(5, 1) ou C(– 10, 1) e D(– 7, – 5)   **64** $\frac{14}{3}\sqrt{2}$

78 Dados os pontos A(– 15, 19) e B(21, – 5) determine P que divide $\vec{AB}$ na razão λ, nos casos:

a) $\lambda = \dfrac{5}{7}$
b) $\lambda = 5$
c) $\lambda = -\dfrac{5}{11}$
d) $\lambda = 1$

---

79 Se P divide $\vec{AB}$ na razão $\lambda = -\dfrac{7}{3}$, determine a razão em que:

a) P divide $\vec{BA}$
b) A divide $\vec{PB}$
c) B divide $\vec{AP}$

---

80 Resolver:

a) Determine os pontos que dividem $\overline{AB}$ em três partes iguais, dados A(15, – 20) e B(– 3, 4).

b) Determine os pontos que dividem $\overline{AB}$ em 5 partes iguais, dados A(– 13, 30) e B(22, – 5).

c) Até que ponto devemos prolongar o segmento AB, no sentido de **A** para **B**, para que o seu comprimento quadruplique, dados A(– 2, 11) e B(3, 7)?

---

81 Determine a intersecção das diagonais do quadrilátero ABCD, dados A (– 3, – 2), B (7, – 15), C (9, 4) e D (– 1, 5).

---

82 Resolver:

a) Determine k de modo que os pontos A (7, – 1), B (– 1, k) e C(– 7, 6) sejam colineares.

b) Se P(x, y) pertence à reta AB, dados A (– 1, 3) e B(2, 1), determine uma relação entre x e y.

---

83 Mostre que o baricentro G de um triângulo ABC é dado por

$$x_G = \dfrac{x_A + x_B + x_C}{3} \quad \text{e} \quad y_G = \dfrac{y_A + y_B + y_C}{3}$$

---

84 Determine o baricentro do triângulo ABC nos casos:

a) A(– 7, 3), B(– 1, 6) e C(2, – 15)
b) A(7, 8), B(– 6, 5) e C (2, – 1)

---

85 Dados os vértices A(7, 1) e B(– 5, 4) e o baricentro G(1, – 3) de um triângulo ABC, determine **C**.

---

86 Resolver:

a) Se G(2, 5) é o baricentro de um triângulo ABC, dado A(10, – 1) determine o ponto médio de $\overline{BC}$.

b) Se G(1, 5) é o baricentro de um triângulo ABC e M(– 3, 4) é ponto médio de $\overline{AB}$ e N(1, 8) é ponto médio de $\overline{AC}$, determine A, B e C.

---

87 Dados os vértices A(2, – 5), B(1, – 2) e C(4, 7) de um triângulo ABC, determine **P** sabendo que $\overline{BP}$ é bissetriz interna desse triângulo.

---

88 Dados os vértices A(3, – 5), B(– 3, 3) e C(– 1, – 2) de um triângulo, determine a bissetriz interna AS desse triângulo.

---

89 Dados os vértices A(– 1, – 1), B(3, 5) e C(– 4, 1) de um triângulo, determine o ponto onde a bissetriz externa relativa ao vértice A encontra a reta suporte do lado BC.

---

90 Dados os vértices A(3, – 5), B(1, – 3) e C(2, – 2) de um triângulo, determine a bissetriz externa BP.

91 Dada a circunferência **f** de equação $x^2 + y^2 + 8x + 10y + 16 = 0$, determine:

a) Os pontos onde **f** intercepta o eixo das abscissas.

b) Os pontos onde **f** intercepta o eixo das ordenadas.

c) Os pontos de **f** que têm abscissas iguais a 1.

d) Os pontos de **f** que têm abscissas iguais a – 1.

e) Os pontos de **f** que têm ordenadas iguais a – 1.

---

92 Determine a equação da circunferência que tangencia os eixos coordenados e passa pelo ponto P, nos casos:

a) P(4, – 2)
b) P(– 1, 8)

---

93 Determine a equação da circunferência que passa por P(1, – 1) e pelos pontos de intersecção das circunferências $x^2 + y^2 + 2x - 2y - 23 = 0$ e $x^2 + y^2 - 6x + 12y - 35 = 0$.

---

94 Escreva a equação da circunferência que passa pela origem do sistema e pelos pontos de intersecção das circunferências $x^2 + y^2 + 6x + 2y - 15 = 0$ e $x^2 + y^2 - 4x + 8y + 11 = 0$.

---

95 Determine o comprimento da corda comum às circunferências de equações $x^2 + y^2 - 10x - 10y = 0$ e $x^2 + y^2 + 6x + 2y - 40 = 0$.

---

96 Determine a equação da circunferência cujo centro está na bissetriz dos quadrantes pares e que passa pelos pontos de intersecção das circunferências $x^2 + y^2 - 2x + 10y - 24 = 0$ e $x^2 + y^2 + 2x + 2y - 8 = 0$.

---

97 Determine o comprimento da corda comum às circunferências que passam por P(6, – 1) e tangenciam os eixos coordenados.

Resp:

65 $(x - 3)^2 + (y - 1)^2 = 25$

66 $x^2 + y^2 + 2x - 48 = 0$ ou $x^2 + y^2 - 26x + 120 = 0$

67 $x^2 + y^2 - 4x - 6y - 12 = 0$ ou $x^2 + y^2 - 20x - 18y + 156 = 0$

68 a) M(– 1, 7)   b) M(– 2, – 7)   c) M(8, – 6)

69 a) B (– 11, 10)   b) P(25, – 23)   c) M(2, 0)

70 (– 10, – 5), (4, 13), (6, – 9)

71 (4, 2) e (9, – 1)

72 M(1, – 3)

73 a) C(9, – 7), D(– 2, – 13)   b) D(– 2, – 2)

74 a) $-\frac{3}{4}$ b) $\frac{3}{5}$

75 A(– 2, – 7), B(0, – 10)

76 a) P(4, 1)   b) P(– 1, 2)   c) A(4, 0), B(0, – 6)

77 a) $\frac{3}{2}$ b) $-\frac{3}{5}$ c) $-\frac{5}{2}$ d) $-\frac{5}{3}$ e) 0

78 a) P(0, 9)   b) P(15, – 1)   c) P(– 45, 39)   d) P(3, 7)

79 a) $-\frac{3}{7}$ b) $-\frac{7}{4}$ c) $\frac{4}{3}$

80 a) (9, – 12) e (3, – 4)   b) (– 6, 23), (1, 16), (8, 9), (15, 2)   c) (18, – 5)

81 P(1, 0)

82 a) k = 3   b) 2x + 3y – 7 = 0

84 a) G(– 2, – 2)   b) G(1, 4)

85 C(1, – 14)

86 a) M(– 2, 8)   b) A(– 7, 9), B(1, – 1) e C(9, 7)

87 $P\left(\frac{5}{2}, -2\right)$

88 $\frac{14}{3}\sqrt{2}$

89 (– 11, –3)

90 4

91 a) (– 4, 0)   b) (0, – 2) e (0, – 8)   c) (1, – 5)   d) (– 1, – 1) e (– 1, – 9)   e) (– 1, – 1) e (– 7, – 1)

92 a) $(x - 2)^2 + (y + 2)^2 = 4$ ou $(x - 10)^2 + (y + 10)^2 = 100$
b) $(x + 5)^2 + (y - 5)^2 = 25$ ou $(x + 13)^2 + (y - 13)^2 = 169$

93 $x^2 + y^2 + 6x - 9y - 17 = 0$

94 $13x^2 + 13y^2 + 3x + 71y = 0$

95 10

96 $(x + 3)^2 + (y - 3)^2 = 10$

97 $5\sqrt{2}$

7 – Reta no plano cartesiano

1) Ângulo entre uma reta r e o eixo das abscissas

Se uma reta **r** for perpendicular ao eixo das abscissas, dizemos que ela forma ângulo reto com esse eixo.

Se uma reta **r** for paralela ao eixo das abscissas, dizemos que ela e esse eixo formam ângulo nulo.

Se uma reta **r** for oblíqua ao eixo das abscissas, sendo P o ponto onde **r** encontra o eixo das abscissas, vamos considerar um ponto A do eixo dos x, com $x_A > x_P$ é um ponto B de **r** com $y_B > 0$.
O ângulo $A\hat{P}B$ é chamado ângulo que **r** forma com o eixo das abscissas.

Sendo α o ângulo entre **r** e o eixo das abscissas temos:

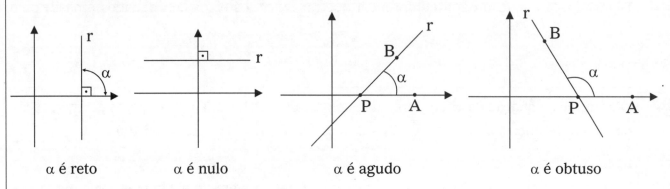

α é reto α é nulo α é agudo α é obtuso

2) Coeficiente angular ou declividade de uma reta

A tangente do ângulo que uma reta forma com o eixo das abscissas é chamada coeficiente angular ou declividade dessa reta.

Como não existe tangente de 90°, a reta vertical (perpendicular ao eixo das abscissas) não tem coeficiente angular.

Indicando por m_r o coeficiente angular de uma reta **r**, não vertical, que forma ângulo α com o eixo das abscissas temos:

$$m_r = \text{tg}\,\alpha$$

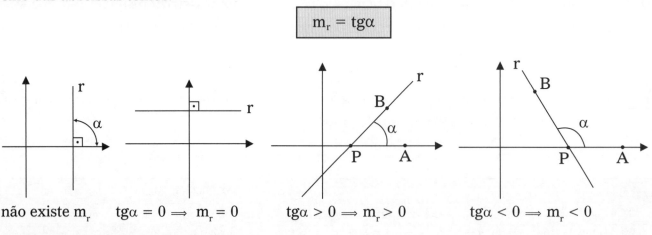

não existe m_r $\text{tg}\,\alpha = 0 \Rightarrow m_r = 0$ $\text{tg}\,\alpha > 0 \Rightarrow m_r > 0$ $\text{tg}\,\alpha < 0 \Rightarrow m_r < 0$

Exemplos:

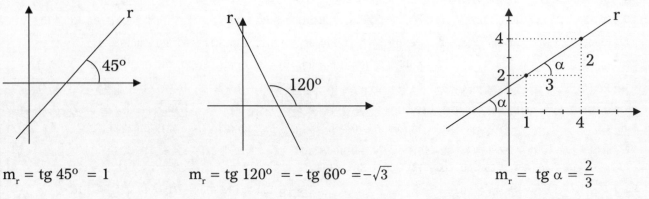

$m_r = \text{tg}\,45° = 1$ $m_r = \text{tg}\,120° = -\text{tg}\,60° = -\sqrt{3}$ $m_r = \text{tg}\,\alpha = \dfrac{2}{3}$

3) Coeficiente angular da reta determinada por dois pontos dados

O coeficiente angular de uma reta **r**, não vertical, que passa por dois pontos distintos **A** e **B** é dado por

$$m_r = \frac{y_A - y_B}{x_A - x_B} \quad \text{ou} \quad m_r = \frac{y_B - y_A}{x_B - x_A} \quad \text{ou} \quad m_r = \frac{\Delta y}{\Delta x}$$

Vejamos:

(I) 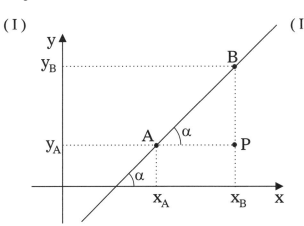 (II)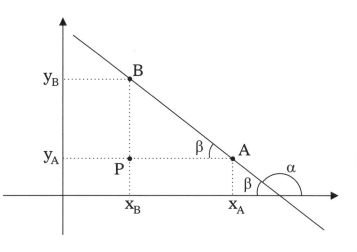

(I) $m_r = \text{tg}\,\alpha = \dfrac{BP}{AP}$

Como $BP = y_B - y_A$ e $AP = x_B - x_A$ obtemos: $\boxed{m_r = \dfrac{y_B - y_A}{x_B - x_A}}$

(II) $m_r = \text{tg}\,\alpha = -\text{tg}\,\beta = -\dfrac{BP}{AP}$. Como $BP = y_B - y_A$ e $AP = x_A - x_B$ obtemos:

$m_r = -\dfrac{BP}{AP} = -\dfrac{y_B - y_A}{x_A - x_B} \implies \boxed{m_r = \dfrac{y_B - y_A}{x_B - x_A}}$

Tomando as diferenças em um mesmo sentido, obtemos: $\boxed{m_r = \dfrac{\Delta y}{\Delta x}}$

Obs: Note que quando a reta **r** for vertical $x_B - x_A$ é nulo e não existe m_r. E quando **r** for horizontal $y_B - y_A$ é nulo e obtemos $m_r = 0$.

Exemplo:

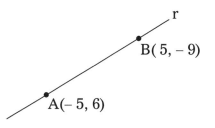

$m_r = \dfrac{y_B - y_A}{x_B - x_A} = \dfrac{-9 - 6}{5 - (-5)} = \dfrac{-15}{10} = -\dfrac{3}{2}$ ou

$m_r = \dfrac{y_A - y_B}{x_A - x_B} = \dfrac{6 - (-9)}{-5 - 5} = \dfrac{15}{-10} = -\dfrac{3}{2}$

4) Condição de alinhamento para três pontos

Se três pontos distintos A, B e C são alinhados (são colineares), então:

$$\begin{vmatrix} x_A & y_A & 1 \\ x_B & y_B & 1 \\ x_C & y_C & 1 \end{vmatrix} = 0$$

Vejamos:

Se os pontos estão em uma reta vertical ou horizontal, então $x_A = x_B = x_C$ ou $y_A = y_B = y_C$, desta forma a matriz correspondente terá duas colunas proporcionais, donde obtemos que o determinante é nulo.

Consideremos agora que os pontos A, B e C estejam em uma reta oblíqua aos eixos. Como os coeficientes angulares das retas AB e BC são iguais podemos escrever:

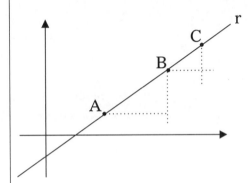

$$m_r = \frac{y_B - y_A}{x_B - x_A} = \frac{y_C - y_B}{x_C - x_B} \Rightarrow$$

$$x_C y_B - y_B x_B - x_C y_A + x_B y_A = x_B y_C - x_B y_B - x_A y_C + x_A y_B$$

passando todos os termos para o 2º membro, obtemos:

$$0 = x_A y_B - x_A y_C - x_B y_A + x_B y_C + x_C y_A - x_C y_B \Rightarrow$$

$$\Rightarrow x_A (y_B - y_C) - x_B (y_A - y_C) + x_C (y_A - y_B) = 0$$

De acordo com Laplace (pelos elementos da primeira coluna), temos:

$$x_A \begin{vmatrix} y_B & 1 \\ y_C & 1 \end{vmatrix} - x_B \begin{vmatrix} y_A & 1 \\ y_C & 1 \end{vmatrix} + x_C \begin{vmatrix} y_A & 1 \\ y_B & 1 \end{vmatrix} = 0 \Rightarrow \begin{vmatrix} x_A & y_A & 1 \\ x_B & y_B & 1 \\ x_C & y_C & 1 \end{vmatrix} = 0$$

Prova-se também o recíproco desse teorema (se o determinante acima é nulo então os pontos são colineares). Desta forma, podemos escrever:

$$\text{A, B e C são colineares} \Leftrightarrow \begin{vmatrix} x_A & y_A & 1 \\ x_B & y_B & 1 \\ x_C & y_C & 1 \end{vmatrix} = 0$$

Para melhorar a visualização: sejam A(a, b), B(c, d) e C(e, f) pontos colineares. Temos:

$$\begin{vmatrix} a & b & 1 \\ c & d & 1 \\ e & f & 1 \end{vmatrix} = 0 \Rightarrow ad + be + cf - de - bc - af = 0$$

Como o **1** é elemento neutro da multiplicação, note que as parcelas obtidas são produtos de abscissas por ordenadas dos pontos, tomados em uma certa ordem, que podem ser obtidas pelo seguinte dispositivo prático.

$$\begin{vmatrix} a & c & e & a \\ b & d & f & b \end{vmatrix} = 0$$

$$-bc \quad -de \quad -af \quad +ad \quad +cf \quad +eb$$

Este dispositivo é montado colocando as coordenadas dos pontos na vertical, em qualquer ordem, mas com a **quarta** coluna sendo a repetição da **primeira**.

Os produtos dos elementos das "diagonais" que descem, da esquerda para direita têm sinais mantidos e os produtos dos elementos das "diagonais" que descem, da direita para esquerda têm os seus sinais trocados (ou vice-versa, pois o resultado é **zero**).

$$\begin{vmatrix} a & c & e & a \\ b & d & f & b \end{vmatrix} = 0 \Rightarrow ad + cf + be - bc - de - af = 0$$

$\underbrace{\qquad}_{\textbf{repetiu}}$

Vejamos se A(– 1, – 4), B(2, 5) e C(– 3, – 10) são colineares:

$$D = \begin{vmatrix} -1 & -4 & 1 \\ 2 & 5 & 1 \\ -3 & -10 & 1 \end{vmatrix} = \begin{vmatrix} -1 & 2 & -3 & -1 \\ -4 & 5 & -10 & -4 \end{vmatrix} = -5 - 20 + 12 + 8 + 15 - 10 \Rightarrow$$

D = – 35 + 35 ⇒ D = 0 ⇒ A, B e C são colineares.

Exemplo 1: Determinar **k** de modo que os pontos A(– 3, 2), B(1,– 4) e C(3, k) sejam colineares.

A, B e C são colineares ⇒ $\begin{vmatrix} -3 & 2 & 1 \\ 1 & -4 & 1 \\ 3 & k & 1 \end{vmatrix} = 0 \Rightarrow 12 + 6 + k + 12 - 2 + 3k = 0 \Rightarrow 4k = -28 \Rightarrow \boxed{k = -7}$

outro modo: $\begin{vmatrix} -3 & 1 & 3 & -3 \\ 2 & -4 & k & 2 \end{vmatrix} = 0 \Rightarrow 12 + k + 6 - 2 + 12 + 3k = 0 \Rightarrow 4k = -28 \Rightarrow \boxed{k = -7}$

ou $\begin{vmatrix} 3 & -3 & 1 & 3 \\ k & 2 & -4 & k \end{vmatrix} = 0 \Rightarrow 6 + 12 + k + 3k - 2 + 12 \Rightarrow 4k = -28 \Rightarrow \boxed{k = -7}$

Exemplo 2: Determinar um ponto A do eixo das abscissas, de modo que A, B(1, – 4) e C(4, 2) sejam colineares.

Resolução: A está em Ox ⇒ $y_A = 0$ ⇒ A(k, 0) ⇒

$\begin{vmatrix} k & 1 & 4 & k \\ 0 & -4 & 2 & 0 \end{vmatrix} = 0 \Rightarrow -4k + 2 + 16 - 2k = 0 \Rightarrow 6k = 18 \Rightarrow \boxed{k = 3} \Rightarrow \boxed{A(3, 0)}$

Exemplo 3: Determinar um ponto P da bissetriz dos quadrantes pares, de modo que P, A(– 4, 1) e B(0, 9) sejam colineares.

Resolução: P está em b_p ⇒ y = – x ⇒ P(k, – k)

$\begin{vmatrix} k & -4 & 0 & k \\ -k & 1 & 9 & -k \end{vmatrix} = 0 \Rightarrow k - 36 - 4k - 9k = 0 \Rightarrow -12k = 36 \Rightarrow \boxed{k = -3} \Rightarrow \boxed{P(-3, 3)}$

98 Determine o ângulo que a reta **r** forma com o eixo **x** nos casos:

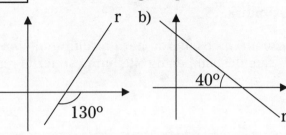
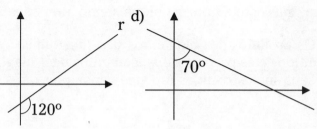

99 Determine o coeficiente angular da reta **r**, nos casos:

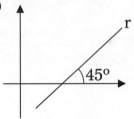
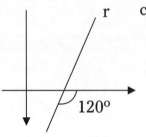
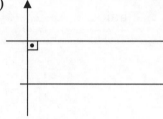

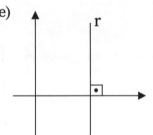
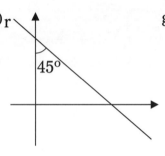
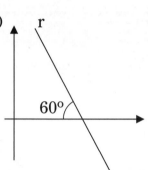
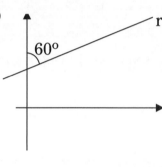

100 Determine a declividade da reta **r**, nos casos:

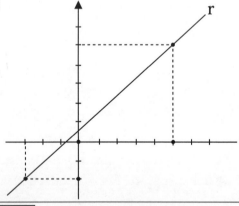
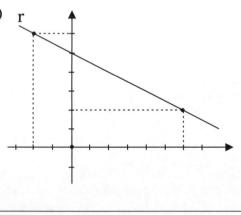

101 Determine o coeficiente angular da reta AB dados **A** e **B**, nos casos:

a) $A(-5, 7)$ e $B(-1, 1)$

b) $A(-7, -2)$ e $B(5, 7)$

c) $A\left(\dfrac{1}{2}, -4\right)$ e $B\left(2, -\dfrac{1}{3}\right)$

d) $A(5, -4)$ e $B(-20, 16)$

102 Resolver:

a) Determine o coeficiente angular da reta AB onde A(3 – 2a, a + 1) e B(a, 5 – 3a).

b) Se o coeficiente angular da reta AB com A(1 – a, a + 1) e B(2a + 1, 3 – 2a) é $-\dfrac{2}{3}$, determine A e B.

103 Determine uma relação entre as coordenadas x e y do ponto P(x, y), sabendo que **P** pertence à reta **r** nos casos:

a) **r** passa por A(– 1, 4) e tem coeficiente angular m = – 3

b) **r** passa por A(2, – 1) e tem coeficiente angular m = $\dfrac{1}{2}$.

c) **r** passa por A(– 3, 5) e B(– 1, 2)

104 Verificar se os pontos A, B e C são colineares, nos casos:

a) A(– 3, 5), B(0, – 1) e C(2, – 5)

b) A(– 4, –1), B(0, 1) e C(5, 3)

105 Determinar k para que A(0, – 3), B(– 1, 1) e C(3, k) sejam colineares.

106 Determine **k** de modo que os pontos A, B e C sejam colineares nos casos:

a) A(– 1, 2), B(– 4, 4) e C(k, 0)

b) A(2k – 1, 1 – k), B(k – 3, k – 1) e C(2k + 1, k – 4)

107 Se o ponto A(5, 1), B(3, 0) e P são colineares e os pontos C(– 1, 2) D(3, – 4) e P são colineares, determine **P**.

108 Determine o intersecção das retas AB e CD dados A(– 1, 3), B(0, 1), C(1, – 4) e D(6, 1).

109 Determine um pontos P do eixo das ordenadas de modo que A(−3, −4), B(−2, 0) e P sejam colineares.

110 Determinar um ponto P das bissetrizes dos quadrantes ímpares, de modo que A(0, −6), B(−2, 4) e P sejam colineares.

111 Determinar o ponto de interseção da reta AB com a bissetriz dos quadrantes pares, dados importantes A(1, 2) e B(−1, 6).

112 Se A(1, k), B(−1, 2k + 2) e C(2, k − 3) são colineares, determinar a distância entre A e B.

Resp: **98** a) 50° b) 140° c) 30° d) 160° **99** a) m = 1 b) m = $\sqrt{3}$ c) m = $-\frac{\sqrt{3}}{3}$ d) m = 0 e) Não existe

f) m = −1 g) m = $-\sqrt{3}$ h) m = $\frac{\sqrt{3}}{3}$ **100** a) m = $\frac{7}{8}$ b) m = $-\frac{1}{2}$

101 a) m = $\frac{-3}{2}$ b) m = $\frac{3}{4}$ c) m = $\frac{22}{9}$ d) m = $\frac{-16}{11}$

102 a) a ≠ 1, m = $-\frac{4}{3}$ b) A(−1, 3) e B(5, −1) **103** a) 3x + y − 1 = 0 b) x − 2y − 4 = 0 c) 3x + 2y − 1 = 0

104 a) Sim(D = 0) b) Não (D = 2 ≠ 0) **105** 9

49

5) Equação geral da reta

Se uma reta **r** é determinada por dois pontos distintos A e B, vejamos qual é a equação que as coordenadas **x** e **y** de um ponto genérico P(x, y) dessa reta devem satisfazer.

Se A, B e P(x, y) são colineares, então devemos ter:

$$\begin{vmatrix} x_A & y_A & 1 \\ x_B & y_B & 1 \\ x & y & 1 \end{vmatrix} = 0 \Leftrightarrow x(y_A - y_B) - y(x_A - x_B) + 1(x_A y_B - x_B y_A) = 0 \Leftrightarrow$$

$$\Leftrightarrow (y_A - y_B)x + (x_B - x_A)y + (x_A y_B - x_B y_A) = 0$$

Fazendo: $y_A - y_B = a$, $x_B - x_A = b$ e $x_A y_B - x_B y_A = c$, a equação pode ser escrita assim:

$$\boxed{ax + by + c = 0}$$

Esta equação é chamada **equação geral da reta**

Obs: Como os pontos A e B **não** são coincidentes nunca teremos simultaneamente

$x_A = x_B$ e $y_A = y_B$, então a e b não serão simultaneamente nulos.

Então as coordenadas x e y de um ponto P(x, y) pertencente à reta determinada pelos pontos distintos A e B satisfazem uma equação do tipo.

ax + by + c = 0 , com a ≠ 0 ou b ≠ 0.

Prova-se também que todos os pontos que satisfazem uma equação do tipo ax + by + c = 0 pertencem a uma mesma reta.

Então: A reta determinada por dois pontos distintos tem equação do tipo **ax + by + c = 0** e toda equação do tipo **ax + by + c = 0**, com a ≠ 0 ou b ≠ 0 é equação de uma reta.

Exemplo: Determine a equação geral da reta que passa por **A** e **B** nos casos:

1º)

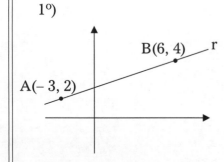

$\begin{vmatrix} -3 & 2 & 1 \\ 6 & 4 & 1 \\ x & y & 1 \end{vmatrix} = 0 \Leftrightarrow (2-4)x - (-3-6)y + (-12-12) = 0$

$\Leftrightarrow -2x + 9y - 24 = 0$ ou ainda:

$$\boxed{2x - 9y + 24 = 0}$$

É lógico que qualquer equação equivalente a essa é também uma equação da mesma reta **r**:

$4x - 18y + 48 = 0$, $\frac{2}{3}x - 3y + 8 = 0$, $y = \frac{2}{9}x + \frac{8}{3}$ são também equações da reta **r**.

Quando uma reta r tem equação 2x - 9y + 24 = 0, indicamos assim: (r) 2x - 9y + 24 = 0

Podemos fazer assim:

$\begin{vmatrix} x & -3 & 6 & x \\ y & 2 & 4 & y \end{vmatrix} = 0 \Rightarrow 2x - 12 + 6y + 3y - 12 - 4x = 0 \Rightarrow$

$\Rightarrow -2x + 9y - 24 = 0 \Rightarrow \boxed{2x - 9y + 24 = 0}$

2º)

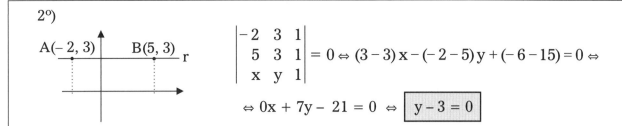

$\begin{vmatrix} -2 & 3 & 1 \\ 5 & 3 & 1 \\ x & y & 1 \end{vmatrix} = 0 \Leftrightarrow (3-3)x - (-2-5)y + (-6-15) = 0 \Leftrightarrow$

$\Leftrightarrow 0x + 7y - 21 = 0 \Leftrightarrow \boxed{y - 3 = 0}$

Note que o coeficiente de **x** é **0**. Podemos afirmar que quando uma equação de reta, na forma simplificada, não apresenta o termo em x (a = 0), então a **reta é horizontal**.

3º)

$\begin{vmatrix} 4 & 5 & 1 \\ 4 & -3 & 1 \\ x & y & 1 \end{vmatrix} = 0 \Leftrightarrow (5+3)x - (4-4)y + (-12-20) = 0 \Leftrightarrow$

$\Leftrightarrow 8x - 0y - 32 = 0 \Leftrightarrow \boxed{x - 4 = 0}$

Note que o coeficiente de **y** é **0**. Podemos afirmar que quando uma equação de reta, na forma simplificada, não apresenta o termo em **y** (b = 0), então a **reta é vertical**.

4º)

$\begin{vmatrix} 0 & 0 & 1 \\ 6 & 4 & 1 \\ x & y & 1 \end{vmatrix} = 0 + (0-4)x - (0-6)y + (0-0) = 0 \Leftrightarrow$

$\Leftrightarrow -4x + 6y + 0 = 0 \Leftrightarrow \boxed{2x - 3y = 0}$

Note que a constante c é **0**. Podemos afirmar que quando uma equação de reta, na forma simplificada, não apresenta o termo constante (c = 0), então **a reta passa pela origem do sistema**.

6) Reta horizontal

Como todos os pontos de uma reta horizontal têm a mesma ordenada, e somente os pontos dessa reta têm essa ordenada, há então um modo mais fácil de acharmos a equação dessa reta.

Achemos a equação da reta horizontal que passa por $P(x_P, y_P)$.

$\begin{vmatrix} 0 & y_P & 1 \\ x_P & y_P & 1 \\ x & y & 1 \end{vmatrix} = 0 \Leftrightarrow (y_P - y_P)x - (0 - x_P)y + (0y_P - x_P y_P) = 0 \Leftrightarrow$

$\Leftrightarrow 0x + x_P y - x_P y_P = 0 \Leftrightarrow \boxed{y - y_P = 0}$

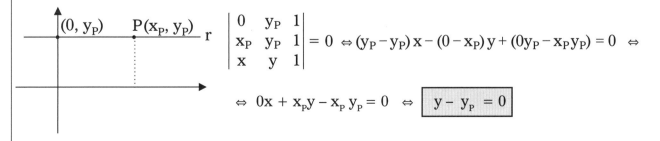

Resp: **106** a) k = 2   b) k = 2 ou k = $-\dfrac{7}{2}$ **107** P(1, -1)   **108** {(2, -3)}   **109** (0, 8)
110 (-1, -1)   **111** (4, -4)   **112** $2\sqrt{10}$

Então a equação de uma reta horizontal que passa por $P(x_P, y_P)$ é:

$$\boxed{y - y_P = 0} \quad \text{ou} \quad \boxed{y = y_P}$$

Exemplo: A equação da reta **r** horizontal que passa por $P(-2, 7)$ é

$$(r) \; y - 7 = 0 \quad \text{ou} \quad (r) \; y = 7$$

A expressão $y = 7$ em geometria analítica é a equação de uma reta horizontal que intercepta o eixo y em $(0, 7)$.

7) Reta vertical

Como todos os pontos de uma reta vertical têm a mesma abscissa, e somente os pontos dessa reta têm essa abscissa, há então um modo mais fácil de acharmos a equação dessa reta.

Achemos a equação da reta vertical que passa por $P(x_P, y_P)$.

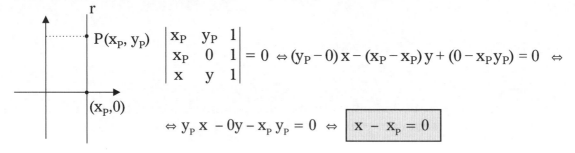

$$\begin{vmatrix} x_P & y_P & 1 \\ x_P & 0 & 1 \\ x & y & 1 \end{vmatrix} = 0 \Leftrightarrow (y_P - 0)x - (x_P - x_P)y + (0 - x_P y_P) = 0 \Leftrightarrow$$

$$\Leftrightarrow y_P x - 0y - x_P y_P = 0 \Leftrightarrow \boxed{x - x_P = 0}$$

Então a equação de uma reta vertical que passa por $P(x_P, y_P)$ é:

$$\boxed{x - x_P = 0} \quad \text{ou} \quad \boxed{x = x_P}$$

Exemplo: A equação da reta r vertical que passa por $P(5, 8)$ é

$$(r) \; x - 5 = 0 \quad \text{ou} \quad (r) \; x = 5$$

Exemplo: A equação da reta horizontal que passa pela origem $(0, 0)$,

reta contida no eixo x, é **y = 0**

Exemplo: A equação da reta vertical que passa pela origem $(0, 0)$,

reta contida no eixo y, é **x = 0**

8) Reta oblíqua que passa pela origem O(0, 0)

A reta que passa pela origem do sistema e por um ponto $P(x_P, y_P)$ tem uma equação fácil de ser memorizada.

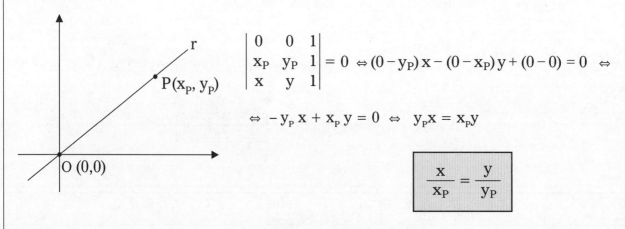

$$\begin{vmatrix} 0 & 0 & 1 \\ x_P & y_P & 1 \\ x & y & 1 \end{vmatrix} = 0 \Leftrightarrow (0 - y_P)x - (0 - x_P)y + (0 - 0) = 0 \Leftrightarrow$$

$$\Leftrightarrow -y_P x + x_P y = 0 \Leftrightarrow y_P x = x_P y$$

$$\boxed{\dfrac{x}{x_P} = \dfrac{y}{y_P}}$$

Exemplo: A equação da reta **r** que passa pela origem e por P(4, 6) é

$$\frac{x}{4} = \frac{y}{6} \quad \text{ou} \quad \frac{x}{2} = \frac{y}{3} \quad \text{ou} \quad 3x - 2y = 0$$

Essa última é a equação geral da reta.

Exemplo: A equação da reta que passa pela origem e por P(9, – 6) é

$$\frac{x}{9} = \frac{y}{-6} \Rightarrow \frac{x}{3} = \frac{-y}{2} \quad \text{ou} \quad 2x = -3y \quad \text{ou} \quad 2x + 3y = 0$$

9) Coeficiente angular da reta ax + by + c = 0

O coeficiente da reta **r** não vertical determinada pelos pontos distintos **A** e **B** é dado por

$$m_r = \frac{y_A - y_B}{x_A - x_B} = \frac{y_B - y_A}{x_B - x_A}$$

Quando deduzimos a equação da reta que passa por **A** e **B** chegamos a equação

$(y_A - y_B) x + (x_B - x_A) y + (x_A y_B - x_B y_A) = 0$

e fizemos $y_A - y_B = a$ e $x_B - x_A = b$ e $x_A y_B - x_B y_A = c$ e escrevemos $ax + by + c = 0$

Se a reta r não é vertical, $x_B - x_A = b \neq 0$ e podemos escrever:

$$m_r = \frac{y_A - y_B}{x_A - x_B} = \frac{y_B - y_A}{x_B - x_A} = \frac{-a}{b}$$

Então o coeficiente angular da reta **r**, não vertical, de equação geral $ax + by + c = 0$ é

$$\boxed{m_r = \frac{-a}{b}}$$

Exemplo: O coficiente angular de (r) $3x - 9y - 7 = 0$ é $m_r = \frac{-a}{b} = \frac{-3}{-9} = \frac{1}{3} \Rightarrow m_r = \frac{1}{3}$

10) Equação reduzida da reta

Se uma reta de equação geral $ax + by + c = 0$ não é vertical, temos que $b \neq 0$ e podemos escrever:

$$ax + by + c = 0 \Leftrightarrow by = -ax - c$$

$$\Leftrightarrow \boxed{y = -\frac{a}{b}x - \frac{c}{b}}$$

Como $-\frac{a}{b}$ é o coeficiente angular **m** da reta, fazendo $-\frac{c}{b} = q$, q é chamado **coeficiente linear** da reta, podemos escrever:

$$\boxed{y = mx + q}$$ que é chamada **equação reduzida** da reta.

$\begin{cases} m = \text{coeficiente angular} \\ q = \text{coeficiente linear} \end{cases}$

Obs: A reta vertical não tem equação reduzida.

Exemplo: Obter a equação reduzida de (r) $3x - y - 7 = 0$

$$3x - y - 7 = 0 \Leftrightarrow -y = -3x + 7 \Rightarrow \boxed{y = 3x - 7}$$

Note que o coeficiente angular de r é $m_r = 3$

11) Equação segmentária da reta

Seja **r** uma reta oblíqua aos eixos e que não passa pela origem. Vamos achar a equação dessa reta levando em conta os pontos P(p, 0) e Q(0, q) onde ela intercepta os eixos coordenados.

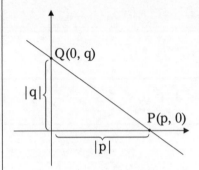

$$\begin{vmatrix} p & 0 & 1 \\ 0 & q & 1 \\ x & y & 1 \end{vmatrix} = 0 \Leftrightarrow (0-q)x - (p-0)y + (pq-0) = 0 \Leftrightarrow -qx - py + pq = 0 \Leftrightarrow$$

$$\Leftrightarrow qx + py - pq = 0$$

Há uma outra forma de escrever essa equação que as vezes é útil.

$$qx + py - pq = 0 \Leftrightarrow qx + py = pq \Leftrightarrow \frac{qx}{pq} + \frac{px}{pq} = \frac{pq}{pq} \Rightarrow$$

$$\Rightarrow \boxed{\frac{x}{p} + \frac{y}{q} = 1}$$ Está equação é chamada equação segmentária da reta

Então a equação da reta que corta os eixos nos pontos P(p, 0) e Q(0, q) é $\frac{x}{p} + \frac{y}{q} = 1$

Sendo ax + by + c = 0 a equação geral da reta **r** acima, vamos determinar **p** e **q** em função de a, b e c.

- $(p, 0) \in r \Rightarrow a \cdot p + b \cdot 0 + c = 0 \Rightarrow p = \frac{-c}{a}$
- $(0, q) \in r \Rightarrow a \cdot 0 + b \cdot q + c = 0 \Rightarrow q = \frac{-c}{b}$

Então, dada a equação geral ax + by + c = 0 de uma reta **r**, sendo, abc ≠ 0 como $p = \frac{-c}{a}$, $q = \frac{-c}{b}$ e $\frac{x}{p} + \frac{y}{q} = 1$ é a equação segmentária, podemos escrever: $\frac{x}{\frac{-c}{a}} + \frac{y}{\frac{-c}{b}} = 1$

Exemplo: Escreva a equação segmentária da reta **r** e a da reta **s**.

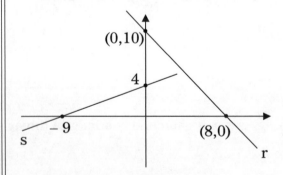

$(r): \frac{x}{p} + \frac{y}{q} = 1 \Rightarrow (r): \frac{x}{8} + \frac{y}{10} = 1$

$(s): \frac{x}{p} + \frac{y}{q} = 1 \Rightarrow (s): \frac{x}{-9} + \frac{y}{4} = 1$

Exemplo: Dada a equação geral 3x + 4y − 12 = 0 de uma reta r, determine a equação segmentária de **r**.

1º Modo (Determinando p e q) (r): 3x + 4y − 12 = 0

- y = 0 ⇒ 3x + 4·0 − 12 = 0 ⇒ x = 4 ⇒ (4,0) ∈ r ⇒ p = 4
- x = 0 ⇒ 3·0 + 4y − 12 = 0 ⇒ y = 3 ⇒ (0,3) ∈ r ⇒ q = 3

$\Rightarrow \frac{x}{p} + \frac{y}{q} = 1 \Rightarrow \boxed{\frac{x}{4} + \frac{y}{3} = 1}$

2º Modo (Dividindo por $-c$)

$(r): 3x + 4y - 12 = 0 \Rightarrow 3x + 4y = 12 \Rightarrow \dfrac{3x}{12} + \dfrac{4y}{12} = \dfrac{12}{12} \Rightarrow \boxed{\dfrac{x}{4} + \dfrac{y}{3} = 1}$

12) Equações paramétricas da reta

Dadas duas funções **f** e **g** de graus menor ou igual a 1, não simultaneamente de grau zero (funções constantes):

$x = f(t)$ e $y = g(t)$, vamos provar que os pares (x, y) determinados por essas expressões pertencem todos a uma mesma reta. Vejamos:

$\begin{cases} f(t) = a't + b' \\ g(t) = a''t + b'' \end{cases} \Rightarrow \begin{cases} x = a't + b' \\ y = a''t + b'' \end{cases} \Rightarrow \begin{cases} a''x = a''a't + a''b' \\ -a'y = -a''a't - a'b'' \end{cases} \Rightarrow a''x - a'y = a''b' - a'b'' \Leftrightarrow$

$\Rightarrow a''x - a'y + a'b'' - a''b' = 0$. Como a'' e a' não são simultaneamente nulos, essa equação é do tipo

$ax + by + c = 0$ com a e b não simultaneamente nulos, que é a equação de uma reta **r**.

Desta forma, as equações $\begin{cases} x = f(t) \\ y = g(t) \end{cases}$

são chamadas equações paramétricas da reta **r**.

Exemplo: Determine a equação geral de uma reta, dadas duas equações paramétricas dessa reta $(r): \begin{cases} x = t + 3 \\ y = 2t - 1 \end{cases}$

Vamos eliminar t nessas equações:

$\begin{cases} -2x = -2t - 6 \\ y = 2t - 1 \end{cases} \Rightarrow -2x + y = -7 \Rightarrow \boxed{2x - y - 7 = 0}$

13) Equação da reta que passa pelo ponto P e tem coeficiente angular m

Vamos descobrir a equação de uma reta que passa por um ponto $P(x_P, y_P)$ dado e tem coeficiente angular **m** dado.

Note que se o coeficiente angular da reta é **m**, então a reta não é vertical.

Sendo $A(x, y)$ um ponto qualquer dessa reta, distinto de P, vejamos qual é a relação entre **x** e **y**.

Como o coeficiente angular de **r** é **m** e ela passa por **P** e **A** temos

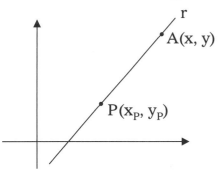

$m = \dfrac{y - y_P}{x - x_P} \Leftrightarrow \boxed{y - y_P = m(x - x_P)}$

Como o ponto (x_P, y_P) satisfaz também essa equação, ela é chamada **equação da reta que passa por P e tem coeficiente angular m**.

Exemplo 1: Determine a equação geral da reta que passa por $P(-3, 5)$ e tem coeficiente angular $m = -\dfrac{2}{3}$

Resolução: $y - y_P = m(x - x_P) \Leftrightarrow y - 5 = -\dfrac{2}{3}(x - [-3]) \Leftrightarrow$

$\Leftrightarrow 3y - 15 = -2x - 6 \Leftrightarrow \boxed{2x + 3y - 9 = 0}$

Exemplo 2: Determine a equação segmentária da reta que passa por P(4, – 1) e tem coeficiente angular $m = \dfrac{1}{2}$

$\boxed{y - y_p = m(x - x_p)}$ $\Leftrightarrow$ $y - (-1) = \dfrac{1}{2}(x - 4)$ $\Rightarrow$ $2y + 2 = x - 4$ $\Leftrightarrow$

$\Leftrightarrow$ $x - 2y = 6$ $\Leftrightarrow$ $\dfrac{x}{6} - \dfrac{2y}{6} = \dfrac{6}{6}$ $\Leftrightarrow$ $\boxed{\dfrac{x}{6} + \dfrac{y}{-3} = 1}$

Resposta: $\dfrac{x}{6} + \dfrac{y}{-3} = 1$

Exemplo 3: Determinar a equação geral da reta que passa por P(– 7, 4) e tem o mesmo coeficiente angular da reta $3x - 4y - 2022 = 0$

Resolução: (1) $3x - 4y - 2022 = 0$ $\Rightarrow$ $4y = 3x - 2022$ $\Rightarrow$ $y = \dfrac{3}{4}x - \dfrac{1011}{2}$ $\Rightarrow$ $m = \dfrac{3}{4}$

(2) Passa por P(– 7, 4) e tem coeficiente angular $m = \dfrac{3}{4}$. Então:

$\boxed{y - y_p = m(x - x_p)}$ $\Leftrightarrow$ $y - 4 = \dfrac{3}{4}(x - (-7))$ $\Rightarrow$ $4y - 16 = 3x + 21$ $\Rightarrow$ $\boxed{3x - 4y + 37 = 0}$

Resposta: $3x - 4y + 37 = 0$

Exemplo 4: Determinar a área do triângulo que a reta (s) $5x - 3y + 30 = 0$ determina com os eixos coordenados.

Resolução: **1º modo**: $x = 0$ $\Rightarrow$ $0 - 3y + 30 = 0$ $\Rightarrow$ $\boxed{y = 10}$

$y = 0$ $\Rightarrow$ $5x - 0 + 30 = 0$ $\Rightarrow$ $\boxed{x = -6}$

$S = \dfrac{|-6||10|}{2}$ $\Rightarrow$ $\boxed{S = 30}$

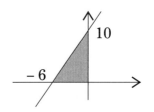

2º modo: Determinado a equação segmentária:

$5x - 3y + 30 = 0$ $\Rightarrow$ $5x - 3y = -30$ $\Rightarrow$ $\dfrac{5x}{-30} - \dfrac{3y}{-30} = \dfrac{-30}{-30}$ $\Rightarrow$ $\dfrac{x}{-6} + \dfrac{y}{10} = 1$ $\Rightarrow$

$p = -6$ e $q = 10$ $\Rightarrow$ $S = \dfrac{|p||q|}{2}$ $\Rightarrow$ $S = \dfrac{6 \cdot 10}{2}$ $\Rightarrow$ $\boxed{S = 30}$

Resposta: 30

Exemplo 5: Determinar k para que a reta (s) $8x + 5y + k = 0$ determine com os eixos coordenados um triângulo de área 80.

Resolução: $8x + 5y + k = 0$

$x = 0$ $\Rightarrow$ $y = \dfrac{-k}{5}$, $y = 0$ $\Rightarrow$ $x = \dfrac{-k}{8}$ $\Rightarrow$ $\dfrac{x}{-\dfrac{k}{8}} + \dfrac{y}{-\dfrac{k}{5}} = 1$

$S = \dfrac{|p||q|}{2} = 80$ $\Rightarrow$ $\left|-\dfrac{k}{8}\right|\left|-\dfrac{k}{5}\right| = 160$ $\Rightarrow$ $|k^2| = 160 \cdot 40$ $\Rightarrow$
$k^2 = 6400$ $\Rightarrow$ $k = \pm 80$

Resposta: ± 80

113 Determine a equação geral da reta **r** que passa pelos pontos **A** e **B** nos casos:

a) A(–3, 2) e B(2, 3)

b) A(0, –3) e B(–4, 3)

c) A(–2, –1) e B(1, 5)

d) A(0, –3) e B(4, 0)

114 Verifique se o ponto **P** pertence à reta (r) $3x - y - 7 = 0$ nos casos:

a) P(3, 1)

b) P(3, 2)

c) P(2, –1)

d) P(1, –5)

115 Determine **k** de modo que o ponto **P** pertença à reta **r** nos casos:

a) P(0, 0), (r) $3x - 2y + k = 0$

b) P(–2, 3), (r) $2x + y + k = 0$

c) P(–2, –3), (r) $(2k - 1)x - 2(k + 3)y - k + 1 = 0$

116 Se a reta $ax + by - 12 = 0$ passa por A(0, –4) e B(9, 2), determinar sua equação.

117 Escrever a equação geral das retas horizontais **r**, **s** e **t**.

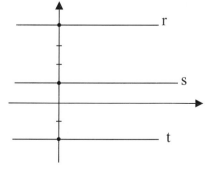

118 Escrever a equação geral das retas verticais **r, s, t** e **u**.

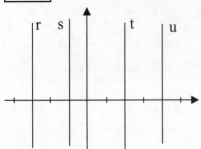

119 Determine a equação geral das retas **r, s** e **t**.

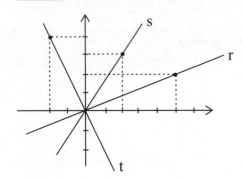

120 Determine a equação geral da reta horizontal que passa por **P**, nos casos:

a) P(– 2, 7)   b) P(5, – 2)

c) P(0, 3)   d) P(0, 0)

e) P(– 3, – 5)   f) P(a, 8)

121 Determine a equação geral da reta vertical que passa por **P**, nos casos:

a) P(3, – 2)   b) P(– 3, 4)

c) P(– 5, – 8)   d) P(0, 0)

e) P(0, a)   f) P(7, a)

122 Determine a equação geral da reta que passa pela origem do sistema e pelo ponto **P** nos casos:

a) P(6, 9)   b) P(– 3, – 2)   c) P(4, – 3)

d) P(0, 4)   e) P(– 3, 0)   f) $P\left(\frac{1}{2}, 4\right)$

123 Determine o coeficiente angular da reta **r** dada a sua equação geral nos casos:

a) $4x - 2y + 7 = 0$	b) $6x + 8y - 3 = 0$	c) $5x - 3y - 2 = 0$
d) $8x - 12y = 0$	e) $3y - 6 = 0$	f) $2x - 8 = 0$

124 Dada a equação geral da reta **r** e o seu coeficiente angular, determine k, nos casos:

a) (r) $6x + ky - 7 = 0$, $m = -2$	b) (r) $kx - (k + 5)y - 1$, $m = -\dfrac{3}{2}$

125 Dada equação geral da reta **r**, determine a sua equação reduzida e então determine o seu coeficiente angular e o seu coeficiente linear.

a) $4x - y + 5 = 0$	b) $2x - 4y - 5 = 0$	c) $3x - 7y = 0$
d) $3y - 9 = 0$	e) $4x + 2y - 7 = 0$	f) $4x - 9 = 0$

126 Se os pontos A(2, 2) e B(– 1, – 7) pertencem à reta (r) $y = mx + q$, determine **m** e **q**, lembrando que as coordenadas dos pontos têm que satisfazer a equação da reta.

127 Se a reta (r) $y = mx + 3$ passa pelo ponto P(– 2, – 5), determine o seu coeficiente angular.

Resp: **113** a) $x - 5y + 13 = 0$ b) $3x + 2y + 6 = 0$ c) $2x - y + 3 = 0$ d) $3x - 4y - 12 = 0$ **114** a) Não   b) Si   c) Sim   d) Não
115 a) $k = 0$ b) $k = 1$ c) $k = -21$ **116** $2x - 3y - 12 = 0$
117 (r) $y - 4 = 0$, (s) $y - 1 = 0$, (t) $y + 2 = 0$

128 Determine o ponto onde a reta **r** corta o eixo das abscissas, nos casos:

a) (r) $2x - 3y - 8 = 0$

b) (r) $4x - 7y + 2 = 0$

c) (r) $3x - 2y = 0$

d) (r) $2x - 10 = 0$

e) (r) $2y - 6 = 0$

f) $11x - 2y + 3 = 0$

129 Determine o ponto onde a reta **r** corta o eixo das ordenadas, nos casos:

a) (r) $5x - 3y + 9 = 0$

b) (r) $7x + 8y - 4 = 0$

c) (r) $6x - 5y = 0$

d) (r) $3y + 9 = 0$

e) (r) $5x - 9 = 0$

f) $11x - 2y + 3 = 0$

130 Escreva a equação segmentária da reta **r** e da reta **s** nos casos:

a)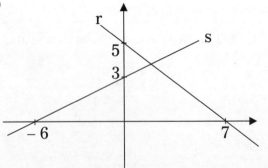

b)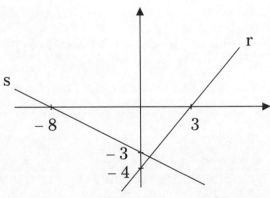

131 Determine as equações gerais da retas **r**, **s** e **t** esboçadas abaixo.

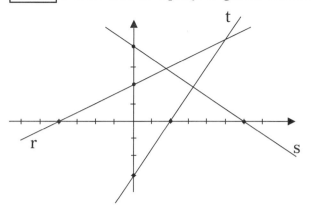

132 Dados os pontos onde a reta **r** intercepta os eixos, escrevendo primeiro a equação segmentária de **r**, determine a sua equação reduzida nos casos:

a) (4, 0) e (0, 8)
b) (– 3, 0) e (0, 6)
c) (6, 0) e (0, – 8)

133 Dada uma equação da reta **r**, determinando p (abscissa do ponto onde a reta intercepta o eixo das abscissas) e q (ordenada do ponto onde a reta intercepta o eixo das ordenadas), escreva a equação segmentária de **r**, nos casos:

a) $2x + 5y - 20 = 0$

b) $y = -\dfrac{2}{3} x + 4$

c) $4x - 9y + 24 = 0$

d) $5x + 3y + 7 = 0$

Resp: **118** (r) $x + 3 = 0$, (s) $x + 1 = 0$, (t) $x - 2 = 0$, (u) $x - 4 = 0$ **119** (r) $2x - 5y = 0$, (s) $3x - 2y = 0$, (t) $2x + y = 0$

120 a) $y - 7 = 0$ b) $y + 2 = 0$ c) $y - 3 = 0$ d) $y = 0$ e) $y + 5 = 0$ f) $y - 8 = 0$

121 a) $x - 3 = 0$ b) $x + 3 = 0$ c) $x + 5 = 0$ d) $x = 0$ e) $x = 0$ f) $8x - y = 0$

122 a) $3x - 2y = 0$ b) $2x - 3y = 0$ c) $3x + 4y = 0$ d) $x = 0$ e) $y = 0$

123 a) 2   b) $-\dfrac{3}{4}$ c) $\dfrac{5}{3}$ d) $\dfrac{2}{3}$ e) 0   f) Não existe

124 a) $k = 3$ b) $k = -3$ **125** a) $y = 4x + 5$, $m = 4$, $q = 5$ b) $y = \dfrac{1}{2}x - \dfrac{5}{4}$, $m = \dfrac{1}{2}$, $q = \dfrac{-5}{4}$

c) $y = \dfrac{3}{7}x$, $m = \dfrac{3}{7}$, $q = 0$ d) $y = 3$, $m = 0$, $q = 3$ e) $y = -2x + \dfrac{7}{2}$, $m - 2$, $q = \dfrac{7}{2}$

f) Não existe equação reduzida de r   **126** $m = 3$, $q = -4$ **127** $m = 4$

134 Dada a equação geral da reta r, dividindo por − c, determine a sua equação segmentária.

a) $3x + 2y - 24 = 0$

b) $8x + 2y + 16 = 0$

c) $5x - 2y - 5 = 0$

d) $3x - 5y + 2 = 0$

135 Determinando a equação segmentária da reta r, esboçar o seu gráfico e determinar a área do triângulo que ela determina com os eixos coordenados, nos casos:

a) (r) $3x + 4y - 24 = 0$

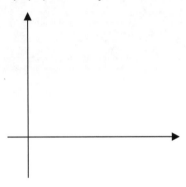

b) (r) $6x - 3y - 18 = 0$

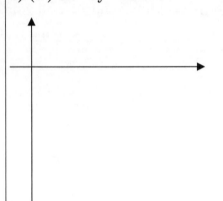

136 Dada uma equação da reta r, determine a área do triângulo que ela determina com os eixos coordenados, nos casos:

a) $\dfrac{x}{5} + \dfrac{y}{-4} = 1$

b) $y = 6x + 8$

c) $6x - 2y + 24 = 0$

d) $2x - 3y + 7 = 0$

e) $\dfrac{2x}{3} + \dfrac{3y}{5} = 1$

f) $y = \dfrac{2}{3}x - \dfrac{7}{6}$

137 Determine **k** de modo que o triângulo que a reta r determina com os eixos tenha a área dada, nos casos:

a) (r) kx – 6y – 24 = 0, S = 12 u.a.

b) (r) 2x + ky – 12 = 0 , S = 8 u.a.

138 Se x = t + 2 e y = 2t – 1 são equações paramétricas de uma reta **r**, determine o ponto dessa reta para os seguintes valores de **t**:

a) t = 1

b) t = 0

c) t = – 1

d) t = – 3

e) t = $\frac{1}{2}$

f) t = 20

139 Dadas as equações paramétricas da reta r, determine os pontos onde ela intercepta os eixos coordenados, nos casos:

a) x = t + 3, y = 2t – 4

b) $\begin{cases} x = 1 + 2t \\ y = t + 7 \end{cases}$

140 Dada a reta (r) 2x – 3y – 15 = 0, se x = – 2t + 3, determinar y em função de t.

Resp: **128** (a) (4, 0) b) $\left(-\frac{1}{2}, 0\right)$ c) (0, 0) d) (5, 0) e) r não corta esse eixo f) $\left(-\frac{3}{11}, 0\right)$

129 a) (0, 3) b) $\left(0, \frac{1}{2}\right)$ c) (0, 0) d) (0, – 3) e) r não corta esse eixo f) $\left(0, \frac{3}{2}\right)$

130 a) (r) $\frac{x}{7} + \frac{y}{5} = 1$ (s) $\frac{x}{-6} + \frac{y}{3} = 1$ b) (r) $\frac{x}{3} + \frac{y}{-4} = 1$ (s) $\frac{x}{-8} + \frac{y}{-3} = 1$

131 (r) x – 2y + 4 = 0, (s) 2x + 3y – 12 = 0, (t) 3x – 2y – 6 = 0   **132** a) y = – 2x + 8   b) y = 2x + 6

c) y = $\frac{4}{3}$x – 8   **133** a) $\frac{x}{10} + \frac{y}{4} = 1$ b) $\frac{x}{6} + \frac{y}{4} = 1$ c) $\frac{x}{-6} + \frac{y}{\frac{8}{3}} = 1$ d) $\frac{x}{\frac{-7}{5}} + \frac{y}{\frac{-7}{3}} = 1$

141 Dadas equações paramétricas da reta **r**, determine a sua equação geral, nos casos:

a) $\begin{cases} x = t + 4 \\ y = 2t + 1 \end{cases}$
b) $\begin{cases} x = 3 - 2t \\ y = t + 4 \end{cases}$
c) $\begin{cases} x = 1 + 2t \\ y = 3t - 2 \end{cases}$

142 Dadas equações paramétricas da reta **r**, determine sua equação reduzida nos casos:

a) $\begin{cases} x = t + 4 \\ y = 2t - 3 \end{cases}$
b) $\begin{cases} x = 2t - 3 \\ y = 3 - 5t \end{cases}$

143 Dadas equações paramétricas da reta **r**, determine a área do triângulo que ela determina com os eixos, nos casos:

a) $\begin{cases} x = 3 - t \\ y = 2t - 4 \end{cases}$
b) $\begin{cases} x = 8 + t \\ y = 12 + 2t \end{cases}$

144 Dada a reta (r) 3x - 2y - 2 = 0 e uma equação paramétrica, determine a outra equação paramétrica, de modo que elas sejam equações paramétricas da reta **r**.

a) x = 2t + 4
b) x = t - 2
c) y = t + 5

145 Sendo **m** o coeficiente angular de uma reta **r** que passa por um ponto $P(x_P, y_P)$, se $A(x, y)$ é um ponto genérico dessa reta, escreva uma relação entre essas coordenadas e o coeficiente **m**. Obs: Lembre-se de que o coeficiente angular da reta que passa por dois pontos destacados é o quociente entre a diferença das ordenadas e a diferença das abscissas desses pontos.

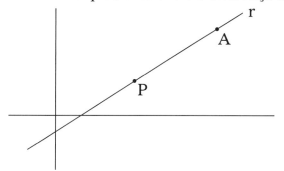

146 Determine a equação reduzida reta que passa por **P** e tem coeficiente angular **m** nos casos:

a) $P(2, 5)$, $m = 3$

b) $P(-2, 3)$, $m = -2$

c) $P(3, -4)$, $m = \dfrac{2}{3}$

d) $P(0, -4)$, $m = -\sqrt{2}$

e) $P\left(-\dfrac{1}{2}, 0\right)$, $m = \sqrt{5}$

f) $P(-3, -2)$, $m = -\dfrac{3}{5}$

147 Determine a equação geral da reta que passa por **P** e tem coeficiente angular **m** nos casos:

a) $P(-2, 5)$, $m = -3$

b) $P(3, -4)$, $m = \dfrac{-3}{2}$

c) $P\left(2, -\dfrac{1}{2}\right)$, $m = -\dfrac{1}{3}$

Resp: **134** a) $\dfrac{x}{8} + \dfrac{y}{12} = 1$ b) $\dfrac{x}{-2} + \dfrac{y}{-8} = 1$ c) $\dfrac{x}{1} + \dfrac{y}{-\frac{5}{2}} = 1$ d) $\dfrac{x}{\frac{-2}{3}} + \dfrac{y}{\frac{2}{5}} = 1$ **135** a) $S = 24$ b) $S = 9$

136 a) 10 b) $\dfrac{16}{3}$ c) 24 d) $\dfrac{49}{12}$ e) $\dfrac{5}{4}$ f) $\dfrac{49}{48}$ **137** a) 4 ou -4 b) $\dfrac{9}{2}$ ou $\dfrac{-9}{2}$

138 a) $(3, 1)$ b) $(2, -1)$ c) $(1, -3)$ d) $(-1, -7)$ e) $\left(\dfrac{5}{2}, 0\right)$ f) $(22, 39)$

139 a) $(0, -10), (5, 0)$ b) $\left(0, \dfrac{13}{2}\right), (-13, 0)$ **140** $y = -\dfrac{4}{3}t - 3$

148 Determine a equação geral das retas **r** e **s** nos casos:

a)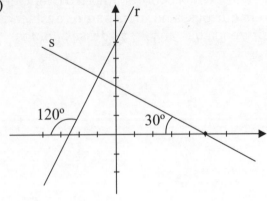

b)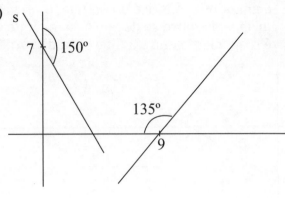

149 Determine a equação geral da reta que passa por **P** e forma ângulo α com o eixo das abscissas nos casos:

a) P(−3, −6), α = 135°

b) P(2, −5), α = 60°

c) P(−1, −3), α = 150°

14 − Retas paralelas

Se duas retas **r** e **s** são verticais, elas são paralelas e não têm coeficientes angulares. E como é apenas neste caso que elas não têm coeficientes angulares, podemos dizer:

| r e s não têm coeficientes angulares | ⇒ | r e s são verticais | ⇒ | r e s são paralelas |

Se **r** e **s** são horizontais, **r** e **s** são paralelas e têm coeficientes angulares nulos.
E como é apenas neste caso que os coeficientes angulares são nulos, podemos escrever:

| r e s têm coeficientes angulares nulos | ⇒ | r e s são horizontais | ⇒ | r e s são paralelas |

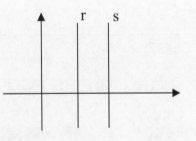
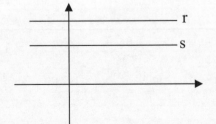

Se **r** e **s** não são verticais, **r** e **s** têm coeficientes angulares e podemos dizer se são paralelas ou não, de acordo com os coeficientes angulares.

Sejam **r** e **s** duas retas não verticais que formam ângulos α e β com o eixo dos **x** e sejam m_r e m_s seus coeficientes angulares.

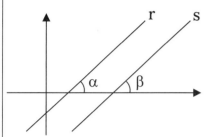

$$\alpha = \beta \Leftrightarrow tg\alpha = tg\beta \Leftrightarrow m_r = m_s \Leftrightarrow r//s$$

Então duas retas não verticais são paralelas se, e somente se, têm coeficientes angulares iguais.

$$\boxed{m_r = m_s \Leftrightarrow r//s}$$

Exemplo: Dadas as retas (r) $4x - 6y - 7 = 0$ e (s) $6x - 9y + 5 = 0$, como

$$m_r = \frac{-a}{b} = \frac{-4}{-6} = \frac{2}{3} \quad \text{e} \quad m_s = \frac{-a}{b} = \frac{-6}{-9} = \frac{2}{3},$$ note que $m_r = m_s$. Então **r** e **s** são paralelas.

15 – Retas perpendiculares

Se duas retas **r** e **s**, com coeficientes angulares m_r e m_s são perpendiculares, vamos provar que:

$$m_r \cdot m_s = -1 \quad \text{ou} \quad m_r = \frac{-1}{m_s} \quad \text{ou} \quad m_s = \frac{-1}{m_r}$$

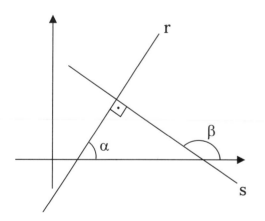 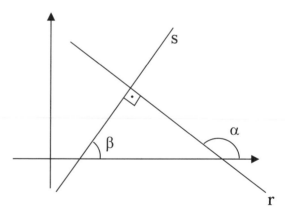

Note que $m_r = tg\alpha$ e $m_s = tg\beta$ e que $\beta = \frac{\pi}{2} + \alpha$ ou $\alpha = \frac{\pi}{2} + \beta$

Então: $tg\beta = tg\left(\frac{\pi}{2} + \alpha\right)$ ou $tg\alpha = tg\left(\frac{\pi}{2} + \beta\right)$

Resp: **141** a) $2x - y - 7 = 0$ b) $x + 2y - 11 = 0$ c) $3x - 2y - 7 = 0$ **142** a) $y = 2x - 11$ b) $y = -\frac{5}{2}x - \frac{9}{2}$

143 a) 1 u.a. b) 4 u.a. **144** a) $y = 3t + 5$ b) $y = \frac{3}{2}t - 4$ c) $y = \frac{3}{2}t + \frac{13}{2}$ **145** $y - y_P = m(x - x_P)$

146 a) $y = 3x - 1$ b) $y = -2x - 1$ c) $y = \frac{2}{3}x - 6$ d) $y = -\sqrt{2}x - 4$ e) $y = \sqrt{5}x + \frac{\sqrt{5}}{2}$ f) $y = \frac{-3}{5}x - \frac{19}{5}$

147 a) $3x + y + 1 = 0$ b) $3x + 2y - 1 = 0$ c) $2x + 6y - 1 = 0$

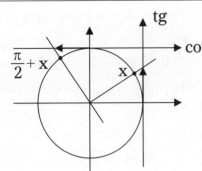

E como $tg\left(\dfrac{\pi}{2}+x\right)=-\cotg x$ podemos escrever:

$tg\beta = -\cotg\alpha$ ou $tg\alpha = -\cotg\beta \Rightarrow$

$\Rightarrow tg\beta = -\dfrac{1}{tg\alpha}$ ou $tg\alpha = -\dfrac{1}{tg\beta} \Rightarrow$

$m_s = -\dfrac{1}{m_r}$ ou $m_r = -\dfrac{1}{m_s} \Rightarrow \boxed{m_r \cdot m_s = -1}$

Vejamos agora o que ocorre quando $m_r \cdot m_s = -1$

$m_r \cdot m_s = -1 \Rightarrow m_r = -\dfrac{1}{m_s} \Rightarrow tg\alpha = -\dfrac{1}{tg\beta} \Rightarrow$

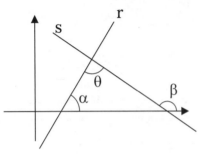

$\Rightarrow tg\alpha = \cotg\beta \Rightarrow \alpha = \dfrac{\pi}{2}+\beta$ ou $\beta = \dfrac{\pi}{2}+\alpha$. E como na figura $\beta = \theta + \alpha$, concluímos que $\theta = \dfrac{\pi}{2}$. Então podemos afirmar:

$$\boxed{r \text{ e } s \text{ são perpendiculares} \Leftrightarrow m_r \cdot m_s = -1}$$

Se **r** e **s** são perpendiculares, como $m_r \cdot m_s = -1$, se $m_r = \dfrac{a}{b}$ obtemos: $\dfrac{a}{b} \cdot m_s = -1 \Rightarrow m_s = \dfrac{-b}{a}$.

O coeficiente angular de uma é o **oposto do inverso do coeficiente angular** da outra

Então: r e s são perpendiculares: $\boxed{m_r = \dfrac{a}{b} \Leftrightarrow m_s = -\dfrac{b}{a}}$

Exemplo 1: Dadas $(r): 3x - 2y - 7 = 0$ e $(s): y = -\dfrac{2}{3}x + 9$, verifique se elas são perpendiculares.

(r) $3x - 2y - 7 = 0 \Rightarrow m_r = \dfrac{-a}{b} = \dfrac{-3}{-2} \Rightarrow m_r = \dfrac{3}{2}$

(s) $y = -\dfrac{2}{3}x + 9$, $y = mx + q \Rightarrow m_s = -\dfrac{2}{3}$

$m_r \cdot m_s = \left(\dfrac{3}{2}\right) \cdot \left(-\dfrac{2}{3}\right) = -1 \Rightarrow$ r e s são perpendiculares

---

Exemplo 2: Determine a equação geral da reta que passa por $P(-1, 5)$ e é perpendicular à reta $(r)\ 3x - 2y - 9 = 0$.

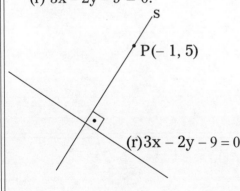

1º) (r) $3x - 2y - 9 = 0 \Rightarrow m_r = \dfrac{-a}{b} = \dfrac{-3}{-2} \Rightarrow m_r = \dfrac{3}{2}$

2º) $s \perp r \Rightarrow m_r \cdot m_s = -1 \Rightarrow \dfrac{3}{2} \cdot m_s = -1 \Rightarrow m_s = -\dfrac{2}{3}$

3º) (s): $y - y_p = m(x - x_p) \Rightarrow$

$\Rightarrow y - 5 = -\dfrac{2}{3}(x - [-1]) \Rightarrow 3y - 15 = -2x - 2 \Rightarrow$

$$\boxed{\Rightarrow (s)\ 2x + 3y - 13 = 0}$$

150 Se as retas **r** e **s** são paralelas, dado o coeficiente angular de uma, determine o coeficiente angular da outra, nos casos:

a) $m_r = 5$ b) $m_r = \dfrac{2}{3}$ c) $m_s = -3$ d) $m_s = 0$ e) $m_r = -\dfrac{1}{2}$

151 Dada uma equação da reta **r**, sendo **s** uma reta paralela à **r**, determine o coeficiente angular da reta **s** nos casos:

a) (r) $y = 3x - 7$ b) (r) $y = \dfrac{2}{3}x - 9$ c) (r) $6x - 4y + 5 = 0$

d) (r) $\dfrac{x}{6} + \dfrac{y}{4} = 1$ e) (r) $\begin{cases} x = 2t + 1 \\ y = t - 2 \end{cases}$ f) (r) $3x + 5y - 1 = 0$

152 Dada a reta (r) $4x - 2y - 3 = 0$ e o ponto $P(-1, 3)$, determine a equação da reta **s** que passa por P e é paralela à **r**.

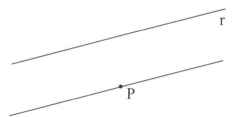

153 Determine a equação da reta que passa por **P** e é paralela à reta **r** nos casos:

a) $P(2, -4)$ e (r) $2x - 6y - 5 = 0$ b) $P(3, -6)$ e (r) $3x - y - 7 = 0$

154 Mostre que as retas (r) $ax + by + c = 0$ e (s) $ax + by + c' = 0$ são paralelas.

155 Mostre que as retas (r) $ax + by + c = 0$ e (s) $kax + kby + c' = 0$, $k \neq 0$ são paralelas

Resp: **148** a) (r) $\sqrt{3}x - y + 5 = 0$, (s) $\sqrt{3}x + 3y - 5\sqrt{3} = 0$ b) (r) $x - y - 9 = 0$, (s) $\sqrt{3}x + y - 7 = 0$

149 a) $x + y + 9 = 0$ b) $\sqrt{3}x - y - 2\sqrt{3} - 5 = 0$ c) $\sqrt{3}x + 3y + \sqrt{3} + 9 = 0$

156 Resolver:

a) Como sabemos, as retas (r) $2x + 5y + 4 = 0$ e (s) $2x + 5y - 4 = 0$ são paralelas. Qual delas passa por P(– 3, 2)?

b) Se a reta (s) $3x - 4y + k = 0$ passa por P(2, – 1), determine **k**.

c) As retas (r) $x + 2y - 7 = 0$ e (s) $x + 2y + k = 0$ são, como sabemos, paralelas. Uma passa por A(– 1, 3) e a outra por B(3, 2). Determine **k**.

d) As retas (r) $9x - 6y - 7 = 0$ e (s) $3x - 2y + k = 0$ são, como sabemos, paralelas. Uma passa por $A\left(1, \frac{1}{3}\right)$ e a outra por $B\left(\frac{1}{3}, 1\right)$. Determine **k**.

e) Verifique se as retas (r) $\dfrac{x}{10} + \dfrac{y}{\frac{5}{2}} = 1$ e (s) $x = 2t + 4$ e $y = \dfrac{3-t}{2}$ são paralelas.

157 Escrever as equações de três retas que são paralelas à reta (r) $6x + 8y - 1 = 0$.

158 Determine a equação da reta s que passa por P(– 3, 2) e é paralela à reta (r) $5x - 2y - 1 = 0$

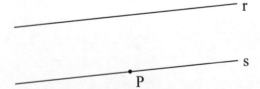

159 Determine a equação da reta que passa por P e é paralela à reta **r** nos casos:

a) P(– 5, 3), (r) $3x + 2y - 10 = 0$

b) P(3, – 5), (r) $4x - 6y - 5 = 0$

160 Determine a equação da reta que passa pela origem do sistema e é paralela à reta **r** nos casos:

a) (r) $2x - 7y + 9 = 0$
b) (r) $3x + 6y - 8 = 0$
c) (r) $4x + 3y - 11 = 0$

161 Determine a equação da reta que passa por P(– 3, 2) e é paralela à reta **r** nos casos:

a) (r) $y = 2x + 7$
b) (r) $\dfrac{x}{3} + \dfrac{y}{-2} = 1$
c) (r) $\begin{cases} x = 2 - 3t \\ y = t + 2 \end{cases}$

162 Determinar a equação da reta que passa por P(–7, 2) e é paralela à reta AB dados A(– 2, 3) e B(2, – 3).

163 Escreva as equações de três retas paralelas à reta **r** nos casos:

a) (r) $2x - 3 = 0$
b) (r) $3y - 2 = 0$

164 Determine a equação da reta que é paralela à reta (r) $3x - 2 = 0$ e passa por **P** nos casos:

a) P(3, 2)
b) P(– 4, 3)
c) P(6, 2)
d) P(– 7, 0)

165 Determine a equação da reta que é paralela à reta (r) $2y - 7 = 0$ e passa por **P** nos casos:

a) P(5, 7)
b) P(– 4, 9)
c) P(5, – 6)
d) P(0, – 3)

Resp: **150** a) 5 b) $\frac{2}{3}$ c) – 3 d) 0 e) $-\frac{1}{2}$ **151** a) 3 b) $\frac{2}{3}$ c) $\frac{3}{2}$ d) $-\frac{2}{3}$ e) $\frac{1}{2}$ f) $-\frac{3}{5}$

152 (s) $2x - y + 5 = 0$ **153** a) $x - 3y - 14 = 0$ b) $3x - y - 15 = 0$

154 Se b = 0 ambas são verticais, logo são paralelas. Se b ≠ 0, elas têm o mesmo coeficiente angular, logo são paralelas

155 Resposta igual ao anterior

71

166 Determine a equação da reta que passa por P(– 5, 7) e é paralela:

a) Ao eixo das ordenadas

b) Ao eixo das abscissas

c) À bissetriz dos quadrantes ímpares

d) À bissetriz dos quadrantes pares

e) À reta (r) 5x – 9y – 2 = 0

167 Determine a equação da reta que é paralela à reta (r) 2x – 3y – 7 = 0 e determina com os eixos coordenados um triângulo de área 48.

168 Se as retas **r** e **s** são perpendiculares, dado o coeficiente angular de uma, determine o coeficiente angular da outra nos casos:

a) $m_r = \dfrac{5}{7}$ | b) $m_r = -\dfrac{3}{2}$ | c) $m_r = 5$ | d) $m_s = \dfrac{1}{7}$ | e) $m_s = 1$ | f) $m_r = -2$

169 Dada uma equação da reta **r**, sendo **s** uma reta perpendicular à **r**, determine o coeficiente angular de **s** nos casos:

a) (r) $y = \dfrac{2}{5}x - 7$

b) (r) $y = 5x + 6$

c) (r) $y = x + 4$

d) (r) $7x + 2y - 1 = 0$

e) (r) $\dfrac{x}{8} + \dfrac{y}{10} = 1$

f) (r) $\begin{cases} x = t + 4 \\ y = -2t + 6 \end{cases}$

170 Dada a reta (r) $3x - 5y - 1 = 0$ e o ponto P $(-3, 2)$, determine a equação da reta **s** que passa por **P** e é perpendicular à **r**.

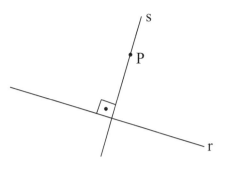

171 Determine a equação da reta que passa pelo ponto P e é perpendicular à reta **r** nos casos:

a) $P(-1, 4)$, (r) $y = \dfrac{2}{7}x - \dfrac{3}{7}$

b) $P(5, -2)$, (r) $y = 2x + 1$

c) $P(-2, 7)$, (r) $2x - 6y - 3 = 0$

d) $P(4, -3)$, (r) $3x + y - 6 = 0$

172 Mostre que as retas (r) $ax + by + c = 0$ e (s) $bx - ay + c' = 0$ são perpendiculares.

Resp: **156** a) s b) – 10 c) – 5 d) 1 e) São paralelas

157 Exemplos: $6x + 8y + 9 = 0$, $6x + 8y - 11 = 0$, $3x + 4y - 37 = 0$ e $\dfrac{3}{2}x + 2y - \sqrt{3} = 0$ **158** (s) $5x - 2y + 19 = 0$

159 a) $3x + 2y + 9 = 0$ b) $2x - 3y - 21 = 0$ **160** a) $2x - 7y = 0$ b) $x + 2y = 0$ c) $4x + 3y = 0$

161 a) $y = 2x + 8$ b) $2x - 3y + 12 = 0$ c) $x + 3y - 3 = 0$ **162** $3x + 2y + 17 = 0$

163 Exemplos: a) $3x + 10 = 0$, $x - 20 = 0$ e $x = 5$ b) $5y - 7 = 0$, $y - 10 = 0$ e $y = 30$ **164** a) $x - 3 = 0$ b) $x + 4 = 0$
c) $x - 6 = 0$ d) $x + 7 = 0$ **165** a) $y - 7 = 0$ b) $y - 9 = 0$ c) $y + 6 = 0$ d) $y + 3 = 0$

173 Mostre que as retas (r) ax + by + c = 0 e (s) kbx – kay + c'= 0, k ≠ 0 são perpendiculares.

174 Escreva as equações de quatro retas perpendiculares à reta (r) 4x – 6y – 11 = 0.

175 Mostre que se as retas (r) ax + by + c = 0 e (s) a'x + b'y + c'= 0 são perpendiculares, então aa'+ bb'= 0.

176 Se as retas (r) (k – 3) x – (8 – k) y + 2k – 1 = 0 e (s) (k + 1) x + (2k – 6) y + 3k = 0 são perpendiculares, determine suas equações.

177 Dadas as equações das retas **r** e **s**, dizer em cada caso se elas são perpendiculares

a) (r) $y = \frac{2}{3}x + 9$, (s) $y = \frac{4}{6}x - \frac{1}{9}$

b) (r) y = 5x + 6, (s) $y = -\frac{1}{5}x - 7$

c) (r) 2x + 3y – 5 = 0, (s) 3x – 2y – 5 = 0

d) (r) 6x – 4y – 1 = 0, (s) 8x + 12y – 3 = 0

e) (r) 12x – 9y + 7 = 0, (s) 3x – 4y – 2 = 0

178 Determinar a equação da reta que passa por P(3, – 4) e é perpendicular à reta (s) 3x – 5y – 2 = 0.

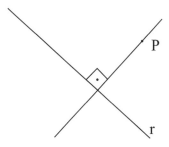

179 Determinar a equação da reta que passa por **P** e é perpendincular à reta **r** nos casos:
a) P(– 7, 2), (r) 3x – 6y – 1 = 0
b) P(3, – 5), (r) 4x + y – 7 = 0

180 Determinar a equação da reta que passa pela origem e é perpendicular à reta **r**, nos casos
a) (r) y = 6x + 8
b) (r) 5x – 8y + 5 = 0
c) (r) 3x + 12y – 4 = 0
d) (r) 8x – 6y – 3 = 0

181 Determinar a equação da reta que passa por P(– 3, – 2) e é perpendicular a (r) nos casos:
a) (r) y = 2x – 9
b) (r) $\dfrac{x}{4} + \dfrac{y}{-1} = 1$
c) (r) $\begin{cases} x = 3t - 2 \\ y = 2t + 1 \end{cases}$

Resp: **166** a) x + 5 = 0 b) y – 7 = 0 c) y = x + 12 d) y = – x + 2 e) 5x – 9y + 88 = 0
167 2x – 3y + 24 = 0 ou 2x – 3y – 24 = 0 **168** a) $-\dfrac{7}{5}$ b) $\dfrac{2}{3}$ c) $-\dfrac{1}{5}$ d) – 7 e) – 1 f) $\dfrac{1}{2}$
169 a) $-\dfrac{5}{2}$ b) $-\dfrac{1}{5}$ c) – 1 d) $\dfrac{2}{7}$ e) $\dfrac{4}{5}$ f) $\dfrac{1}{2}$ **170** 5x + 3y + 9 = 0 **171** a) y = $-\dfrac{7}{2}$x + $\dfrac{1}{2}$
b) y = $-\dfrac{1}{2}$x + $\dfrac{1}{2}$ c) 3x + y – 1 = 0 d) x – 3y – 13 = 0 **172** Se a = 0 ou b = 0, uma reta será horizontal e a outra vertical, sendo então perpendiculares. Se a $\neq$ 0 e b $\neq$ 0 então $m_r = -\dfrac{a}{b}$ e $m_s = \dfrac{b}{a}$ e , isto é, **r** e **s** são perpendiculares.

182 Determine a equação da reta que passa por P(–4, 5) e é perpendicular à reta AB dados A(–1, 5) e B(5, 1).

183 Escreva as equações de duas retas perpendiculares à reta **r** nos casos:

a) (r) 5x – 7 = 0

b) (r) 2y + 9 = 0

184 Determine a equação da reta que passa por **P** e é perpendicular à reta **r** nos casos:

a) P(–5, 3), (r) x – 5 = 0	b) P(3, –2), (r) y + 7 = 0	c) P(6, 9), (r) 2x – 1 = 0
d) P(0, –5), (r) x + 21 = 0	e) P(–1, –9), (r) y – 7 = 0	f) P(5, 0), (r) 2y – 11 = 0

185 Determine a equação da reta que passa por P(3, –4) e é perpendicular:

a) Ao eixo das ordenadas	b) Ao eixo das abscissas
c) À bissetriz dos quadrantes ímpares	d) À bissetriz dos quadrantes pares

186 Resolver:

a) Dados os pontos A(–6, –3) e B(2, –1), determine a equação da reta perpendicular à reta AB, pelo ponto B.

b) Dados os pontos A(–3, 4) e B(7, –2), determine a equação da reta perpendicular à reta AB, pelo ponto médio de AB.

187 Determine a equação da mediatriz do segmento AB, dados A(7, 3) e B(– 1, – 9).

188 Determine a equação da reta que contém a altura relativa ao vértice A de um triângulo ABC, dados A(– 1, 9), B(– 5, – 3) e C(4, 3).

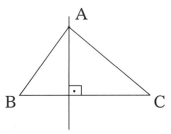

189 Determine a equação da reta que é perpendicular à reta (r) 10x – 15y – 7 = 0 e determina com os eixos coordenados um triângulo de área 12.

Resp: **173** Resposta igual a do anterior

174 Exemplos: 6x + 4y – 3 = 0, 6x + 4y + 111 = 0, 3x + 2y = 0 e 3x + 2y – 9 = 0 (Note que elas são paralelas entre si)

175 Se uma é vertical e outra horizontal, sendo então perpendiculares, obtemos a = 0 e b'= 0 ou a' = 0 e b = 0, donde aa'+ bb'= 0. Se as retas são oblíquas aos eixos faça $m_r \cdot m_s = -1$

176 (r) 2x – 3y + 9 = 0   e   (s) 6x + 4y + 15 = 0   ou   (r) y – 1 = 0   e   (s) 4x + 9 = 0

177 a) Não   b) Sim   c) Sim   d) Sim   e) Não   **178** 5x + 3y – 3 = 0

179 a) 2x + y + 12 = 0   b) x – 4y – 23 = 0   **180** a) $y = -\frac{1}{6}x$ b) 8x + 5y = 0   c) 4x – y = 0   d) 3x + 4y = 0

181 a) $y = -\frac{1}{2}x - \frac{7}{2}$ b) 4x + y + 14 = 0   c) 3x + 2y + 13 = 0

190 As retas (r) $(k-1)x - ky - 4 = 0$ e (s) $(k+1)x - 2ky + 1 = 0$ são paralelas. Determine a equação da reta que passa por P(– 7, 6) e é perpendicular à reta **r**.

191 Dados A(– 4, 2) e B(6, – 4), se AB é diâmetro de uma circunferência, determinar a equação da reta **t** tangente a esta circunferência em B.

192 Sendo **f** uma circunferência de equação $x^2 + y^2 - 4x - 6y - 12 = 0$, determinar a reta tangente a **f** no seu ponto de abscissa – 2.

193 Determinar a projeção ortogonal do ponto P(–1, 3) sobre a reta (r) 3x – 2y + 22 = 0.

194 Determinar a distância entre P(5, – 4) e reta (r) 3x – 4y + 19 = 0

195 Determinar o simétrico do ponto P(– 4, 3) em relação a reta (r) x + 2y – 7 = 0.

Resp: **182** 3x – 2y + 22 = 0   **183** Exemplo: a) 2y + 21 = 0, y – 5 = 0 b) x – 7 = 0, 3x – 8 = 0

184 a) y – 3 = 0   b) x – 3 = 0   c) y – 9 = 0   d) y + 5 = 0   e) x + 1 = 0   f) x – 5 = 0

185 a) y + 4 = 0   b) x – 3 = 0   c) x + y + 1 = 0   d) x – y – 7 = 0   **186** a) 4x + y – 7 = 0   b) 5x – 3y – 7 = 0

187 2x + 3y + 3 = 0   **188** 3x + 2y – 15 = 0   **189** 3x + 2y ±12 = 0

16 – Área de um triângulo

Vamos deduzir uma fórmula para o cálculo da área de um triângulo ABC em função das coordenadas dos vértices A, B e C.

Sendo S a área do triângulo ABC, S_1 a área do trapézio ACC'A', S_2 a área do trapézio ABB'A' e S_3 a área do trapézio BCC'B', note que

$S = S_1 - S_2 - S_3$

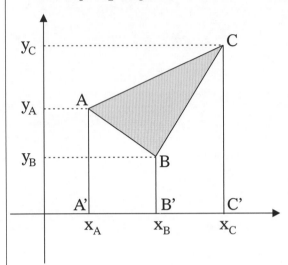

Como:

$$S_1 = \frac{(y_A + y_C)(x_C - x_A)}{2}$$

$$S_2 = \frac{(y_A + y_B)(x_B - x_A)}{2}$$

$$S_3 = \frac{(y_B + y_C)(x_C - x_B)}{2}, \text{ temos:}$$

$$S = \frac{1}{2}[(y_A + y_C)(x_C - x_A) - (y_A + y_B)(x_B - x_A) - (y_B + y_C)(x_C - x_B)]$$

$$S = \frac{1}{2}[x_C y_A + x_C y_C - x_A y_A - x_A y_C - x_B y_A - x_B y_B + x_A y_A + x_A y_B - x_C y_B - x_C y_C + x_B y_B + x_B y_C]$$

$$S = \frac{1}{2}[x_C y_A - x_A y_C - x_B y_A + x_A y_B - x_C y_B + x_B y_C]$$

$$S = \frac{1}{2}[x_A y_B - x_A y_C - x_B y_A + x_B y_C + x_C y_A - x_C y_B]$$

$$S = \frac{1}{2}[x_A(y_B - y_C) - x_B(y_A - y_C) + x_C(y_A - y_B)]$$

Como $\begin{vmatrix} x_A & y_A & 1 \\ x_B & y_B & 1 \\ x_C & y_C & 1 \end{vmatrix} = x_A(y_B - y_C) - x_B(y_A - y_C) + x_C(y_A - y_B),$

Podemos afirmar que $S = \frac{1}{2}\begin{vmatrix} x_A & y_A & 1 \\ x_B & y_B & 1 \\ x_C & y_C & 1 \end{vmatrix}$

Como a área do triângulo é sempre expressa por um número positivo e a troca da posição das coordenadas de dois pontos acarreta em uma mudança do sinal do determinante, para não nos preocuparmos com a ordem da colocação dos vértices, basta tomarmos o módulo do determinante.

Então:

$$S = \frac{1}{2}\left|\begin{vmatrix} x_A & y_A & 1 \\ x_B & y_B & 1 \\ x_C & y_C & 1 \end{vmatrix}\right|$$

Ao determinarmos as áreas dos trapézios envolvidos nesta dedução tomamos o devido cuidado para que as diferenças das abscissas (as alturas dos trapézios) fossem sempre positivas. Desde que se tome o cuidado para que as bases e alturas dos trapézios envolvidos sejam sempre positivos, qualquer que seja o quadrante em que estejam os vértices, a fórmula será sempre a obtida.

Exemplo 1: Determine a área do triângulo ABC dados A(−3, 2), B(1, 4) 3 C(3, −2)

$$S = \frac{1}{2} \left| \begin{matrix} x_A & y_A & 1 \\ x_B & y_B & 1 \\ x_C & y_C & 1 \end{matrix} \right| \Rightarrow S = \frac{1}{2} \left| \begin{matrix} -3 & 2 & 1 \\ 1 & 4 & 1 \\ 3 & -2 & 1 \end{matrix} \right| = \frac{1}{2} |-12 + 6 - 2 - 12 - 2 - 6| \Rightarrow$$

$$S = \frac{1}{2} |-28| \Rightarrow S = \frac{1}{2}(28) \Rightarrow S = 14$$

Resposta: 14 u. a.

Obs.: A exemplo do que foi feito na condição de alinhamento, podemos calcular a área do triângulo de vértices A(a, b), B(c, d) e C(e, d) do seguinte modo:

$$S = \frac{1}{2} \left| \begin{matrix} a & c & e & a \\ b & d & f & b \end{matrix} \right| = \frac{1}{2} |ad + cf + eb - cb - ed - af|$$

Olhe neste exemplo o que ocorre mudando a posição de 2 pares:

$$S = \frac{1}{2} \left| \begin{matrix} -3 & 1 & 3 & -3 \\ 2 & 4 & -2 & 2 \end{matrix} \right| = \frac{1}{2} ||-12 - 2 + 6 - 2 - 12 - 6|| \Rightarrow S = \frac{1}{2} |-28| \Rightarrow S = 14$$

$$S = \frac{1}{2} \left| \begin{matrix} 1 & -3 & 3 & 1 \\ 4 & 2 & -2 & 4 \end{matrix} \right| = \frac{1}{2} ||2 + 6 + 12 + 12 - 6 + 2|| \Rightarrow S = \frac{1}{2} |28| \Rightarrow S = 14$$

Com o módulo obtemos a área (que deve ser número positivo). Não devemos então nos preocupar com a ordem da colocação dos pontos mas, sempre, repetindo o par da **primeira** coluna, na **quarta**.

Exemplo 2: Determinar k para que o triângulo de vértices A(−4, 2), B(6, −6) e C(2, k) tenha área 49.

Resolução: $\frac{1}{2} \left| \begin{matrix} -4 & 6 & 2 & -4 \\ 2 & -6 & k & 2 \end{matrix} \right| = 49 \Rightarrow$

$$S = \frac{1}{2} |24 + 6k + 4 - 12 + 12 + 4k| = 49 \Rightarrow \frac{1}{2} |10k + 28| = 49 \Rightarrow$$

$|5k + 14| = 49 \Rightarrow 5k + 14 = 49$ ou $5k + 14 = -49 \Rightarrow$

$k = 7$ ou $k = -\frac{63}{5}$

Obs.: Olhar a observação do próximo exemplo sobre o significado dos dois valores obtidos.

Resp: **190** y − 6 = 0 ou 3x + 2y + 9 = 0   **191** 5x − 3y − 42 = 0   **192** 4x − 3y + 26 = 0 ou 4x + 3y + 8 = 0
193 (−4, 5)   **194** 10   **195** (−2, 7)

Exemplo 3: Determine **k** de modo que área do triângulo ABC, com A(4, -3), B(-1, -2) e C(2, k) seja 14 u. a.

Obs: As vezes quando não aparecer no enunciado ou nas respostas dos exercícios, quando o problema der ou pedir área, a unidade de área (u.a.), fica subtendido que esta é a unidade em questão.

$$\frac{1}{2}|D| = 14 \Rightarrow \frac{1}{2}\left|\begin{vmatrix} 4 & -3 & 1 \\ -1 & -2 & 1 \\ 2 & k & 1 \end{vmatrix}\right| = 14 \Rightarrow |-8-6-k+4-4k-3| = 28 \Rightarrow$$

$$\Rightarrow |-5k - 13| = 28 \Rightarrow |5k + 13| = 28 \Rightarrow 5k + 13 = \pm 28 \Rightarrow$$

$$5k + 13 = 28 \text{ ou } 5k + 13 = -28 \Rightarrow k = 3 \text{ ou } k = -\frac{41}{5}$$

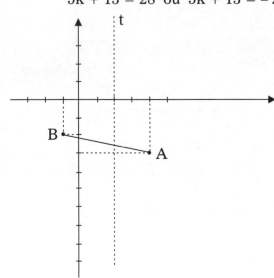
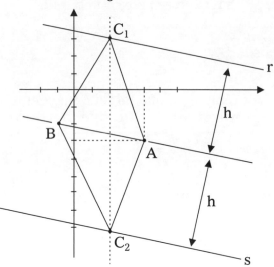

Obs: Significado dos dois valores de **k**: Note que o vértice **C** pertence à reta vertical **t** que passa por (2, 0), (reta de equação x - 2 = 0). Sendo **h**, a altura do triângulo ABC, relativa ao vértice **C**, como há duas retas, r e s, paralelas à reta AB, distando **h** desta, a reta t encontrará r e s nos pontos C_1 e C_2.

196 Determine a área do triângulo ABC dados A, B e C, nos casos:

Obs.: Usar o modo visto: A(a, b), B(c, d) e C(e, f) $\Rightarrow S = \frac{1}{2}\left|\begin{vmatrix} a & c & e & a \\ b & d & f & b \end{vmatrix}\right|$

a) A(-3, 2), B(1, 7) e C(5, 4)

b) A(0, -7), B(-1, 5) e C(2, 4)

c) A(k + 1, 2k + 2), B(k - 3, 0) e C(3k + 3, k - 5)

197 Determine k de modo que o triângulo ABC tenha área 6, nos casos:

a) A(– 1, 2), B(3, 2) e C(1, k)

b) A(– 3, – 2), B(1, – 4) e C(k, 3)

198 Determinar k, de modo que a área do triângulo ABC seja 21, dados A(– 3, 1), B(k, 4) e C(k – 1, – 5).

199 Determinar P, se o triângulo de vértices A(– 3, 0), B(1, 8), P(4, k) tem área 16.

200 Se as retas (r) x + y – 1 = 0, (s) 3x – 2y + 2 = 0 e (t) x – 4y + 14 = 0 contêm os lados de um triângulo ABC, determine a área desse triângulo.

201 Dados B(–2, 3) e C(4, 2), determine o vértice A, em cada caso, de modo que o triângulo ABC tenha área 6:

a) A está no eixo das ordenadas.

b) A está no eixo das abscissas.

c) A está na bissetriz dos quadrantes ímpares.

d) A está na bissetriz dos quadrantes pares.

202 Dados A(–2, 1) e B(4, –1), determine um ponto P da reta (r) $7x - 5y + 6 = 0$ de modo que a área do triângulo PAB seja 13.

203 Sendo M(– 1, 3), N(2, 4) e P(4, – 2) os pontos médios dos lados de um triângulo, determine a área desse triângulo.

204 Dados os vértices B(– 4, 0), C(2, 4) e o baricentro G(2, – 2) de um triângulo ABC, determine a sua área.

205 Dados os vértices A(0, – 6), B(– 8, 0) e C(– 2, 4) de um paralelogramo ABCD, determine a sua área.

206 Dadas as retas (r) x – 2 = 0 e (s) y – 3 = 0, determine a equação de uma reta **t**, paralela à reta (u) 4x – 3y + k = 0, que determina com **r** e **s** um triângulo de área 6.

Resp: **196** a) 16   b) $\frac{17}{2}$ c) $2k^2 + 6k + 16$ **197** a) k = – 1 ou k = 5   b) k = – 19 ou k = – 7
198 $\frac{22}{3}$ ou 2   **199** P(4, 6) ∨ P(4, 22)   **200** vértices: (0, 1), (– 2, 3), (2, 4), S = 5

17 – Ângulo entre duas retas

Se duas retas são perpendiculares ou paralelas é imediata a determinação do Ângulo reto ou nulo que elas formam. Vamos então admitir que as retas sejam oblíquas entre si, determinando entre si dois ângulos agudos e dois ângulos obtusos.

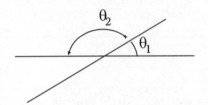

Sendo θ_1 o agudo e θ_2 o obtuso, note que

$\theta_1 + \theta_2 = 180°$ e $tg\theta_1 = -tg\theta_2$ ou $tg\theta_1 = |tg\theta_2|$

Em primeiro lugar vamos considerar uma reta vertical e outra oblíqua aos eixos
Sendo θ o ângulo agudo formado por elas temos:

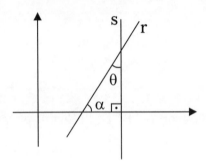
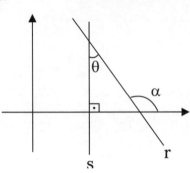

$\theta = \dfrac{\pi}{2} - \alpha$

$tg\theta = tg\left(\dfrac{\pi}{2} - \alpha\right)$

$tg\theta = cotg\alpha$

$tg\theta = \dfrac{1}{tg\alpha}$

$tg\theta = \dfrac{1}{m_r}$

$\theta = \alpha - \dfrac{\pi}{2}$

$tg\theta = tg\left(\alpha - \dfrac{\pi}{2}\right) = -tg\left(\dfrac{\pi}{2} - \alpha\right)$

$tg\theta = -cotg\alpha$

$tg\theta = -\dfrac{1}{tg\alpha}$

$tg\theta = -\dfrac{1}{m_r}$

$tg\theta = \dfrac{1}{m_r} > 0$ ou $tg\theta = \dfrac{-1}{m_r} > 0$ $\Rightarrow$ $\boxed{tg\theta = \left|\dfrac{1}{m_r}\right|}$

Vamos agora considerar ambas oblíquas aos eixos.

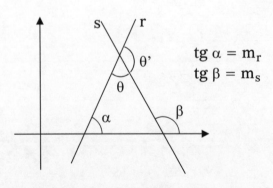

$tg\,\alpha = m_r$
$tg\,\beta = m_s$

Vamos determinar $tg\theta$.

$\theta = \beta - \alpha$ ou $\theta = \alpha - \beta$

$$\text{tg }\theta = \text{tg}(\beta - \alpha) \qquad\qquad \text{tg }\theta = \text{tg}(\alpha - \beta)$$

$$\text{tg}\theta = \frac{\text{tg}\beta - \text{tg}\alpha}{1 + \text{tg}\beta \cdot \text{tg}\alpha} \qquad \text{ou} \qquad \text{tg}\theta = \frac{\text{tg}\alpha - \text{tg}\beta}{1 + \text{tg}\alpha \cdot \text{tg}\beta}$$

$$\boxed{\text{tg}\theta = \frac{m_s - m_r}{1 + m_s m_r}} \qquad \text{ou} \qquad \boxed{\text{tg}\theta = \frac{m_r - m_s}{1 + m_r m_s}}$$

Então: $\boxed{\text{tg}\theta = \dfrac{m_r - m_s}{1 + m_r \cdot m_s}}$

Quando tgθ for **positivo**, significa que θ é agudo e quando tgθ for **negativo**, significa que θ é obtuso.

Se convencionarmos que θ é o ângulo agudo e θ' e o ângulo obtuso, formado por duas retas oblíquas, quando a tangente der **positiva**, significa que encontramos tgθ e quando der **negativa** significa que encontramos tgθ'.

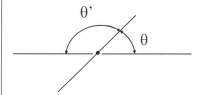

Como tgθ = − tgθ' = | tgθ' |, se quisermos achar o ângulo agudo formado pelas retas basta usarmos a fórmula:

$$\boxed{\text{tg}\theta = \left|\frac{m_r - m_s}{1 + m_r \cdot m_s}\right|}$$

Exemplo 1: Determine o ângulo agudo formado pelas retas **r** e **s** dadas suas equações (r) 2x − 5y − 2 = 0 e (s) 7x − 3y + 8 = 0.

Determinemos m_r e m_s: $m_r = \dfrac{2}{5}$ e $m_s = \dfrac{7}{3}$

Sendo θ o ângulo agudo formado por elas temos:

$$\text{tg}\theta = \left|\frac{m_r - m_s}{1 + m_r \cdot m_s}\right| \Rightarrow \text{tg}\theta = \left|\frac{\frac{2}{5} - \frac{7}{3}}{1 + \frac{2}{5} \cdot \frac{7}{3}}\right| = \left|\frac{\frac{6-35}{15}}{\frac{15+14}{15}}\right| = \left|\frac{-29}{29}\right| \Rightarrow$$

$\Rightarrow \text{tg}\theta = |-1| \Rightarrow \text{tg}\theta = 1 \Rightarrow \boxed{\theta = 45°}$

Resp: **201** a) $A\left(0,\dfrac{2}{3}\right)$ ou $A\left(0,\dfrac{14}{3}\right)$ b) A(28, 0) ou A(4, 0) c) $A\left(\dfrac{4}{7},\dfrac{4}{7}\right)$ ou A(4, 4) d) $A\left(-\dfrac{4}{5},\dfrac{4}{5}\right)$ ou $A\left(-\dfrac{28}{5},\dfrac{28}{5}\right)$

202 P(−3, −3) ou P(2, 4)   **203** 40   **204** 54   **205** 68   **206** (t) 4x − 3y + 13 = 0 ou (t) 4x − 3y − 11 = 0

Exemplo 2: Se as retas **r** e **s** formam ângulo de 45° e $m_s = 2$, determine m_r.

$$tg\theta = \left|\frac{m_r - m_s}{1 + m_r m_s}\right| \Rightarrow tg 45° = \left|\frac{m_r - 2}{1 + m_r \cdot 2}\right| \Rightarrow 1 = \left|\frac{m_r - 2}{2m_r + 1}\right| \Rightarrow \frac{m_r - 2}{2m_r + 1} = \pm 1 \Rightarrow$$

$$\frac{m_r - 2}{2m_r + 1} = 1 \text{ ou } \frac{m_r - 2}{2m_r + 1} = -1 \Rightarrow \begin{cases} 2m_r + 1 = m_r - 2 \\ \text{ou} \\ m_r - 2 = -2m_r - 1 \end{cases} \Rightarrow \boxed{m_r = -3} \text{ ou } \boxed{m_r = \frac{1}{3}}$$

Obs: Significado dos dois valores obtidos:

Há dois feixes de retas paralelas com cada reta de um feixe formando ângulo de 45° com a reta **s**. Os coeficiente angulares das retas de um feixe é -3 e das retas do outro feixe é $\frac{1}{3}$.

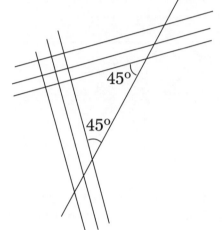

207 Determine o ângulo formado pelas retas **r** e **s**, nos caso:

a) (r) $2x - 8 = 0$
 (s) $x + 2 = 0$

b) (r) $3y - 1 = 0$
 (s) $2y - 4 = 0$

c) (r) $x - 4 = 0$
 (s) $y - 2 = 0$

d) (r) $2x - 3y + 9 = 0$
 (s) $2x - 3y - 1 = 0$

e) (r) $5x + 7y - 1 = 0$
 (s) $7x - 5y + 2 = 0$

f) (r) $4x - 6y - 2 = 0$
 (s) $2x - 3y - 1 = 0$

208 Determine o ângulo formado pelas retas **r** e **s**, nos casos:

Obs: Quando duas retas são oblíquas e for pedido o ângulo entre elas, devemos dar como resposta o ângulo agudo.

a) (r) $3x - 4 = 0$
 (s) $x - y - 7 = 0$

b) (r) $3y - 9 = 0$
 (s) $x + y - 9 = 0$

c) (r) $6x - 7 = 0$
 (s) $x + y + 11 = 0$

d) (r) $x + y - 2 = 0$
 (s) $x - y - 9 = 0$

e) (r) $2x - 2y - 1 = 0$
 (s) $x - 9 = 0$

f) (r) $3x + 3y - 5 = 0$
 (s) $3y - 9 = 0$

209 Determine o ângulo agudo formado pelas retas **r** e **s**.

a) (r) 2x – 4 = 0
   (s) 2x – y – 1 = 0

b) (r) y = 3x – 5
   (s) 3x – 11 = 0

c) (r) 2x – 9 = 0
   (s) 3x – 2y – 5 = 0

210 Determine o ângulo agudo formado pelas retas **r** e **s**.

a) (r) $y = \dfrac{2}{5}x - 5$
   (s) $y = \dfrac{7}{3}x - 2$

b) (r) 3x – 4y – 5 = 0
   (s) 2x + 3y – 2 = 0

211 Determine o ângulo formado pelas retas **r** e **s**.

a) (r) 3y – 12 = 0
   (s) y = 9x – 1

b) (r) 4y – 7 = 0
   (s) 4x – 2y – 7 = 0

c) (r) y – 9 = 0
   (s) 3x + 4y – 7 = 0

212 Determine o ângulo formado pelas retas r e s.

(r) 3x + 4y – 2 = 0

(s) 2x – 6y – 9 = 0

213 Determine o coeficiente angular de **r** dado o coeficiente angular de **s** e o ângulo formado por elas nos casos:

a) $m_s = \dfrac{4}{7}$ e $\theta = 45°$

b) $m_s = -\dfrac{2}{3}$, $\theta = \text{arctg}\,\dfrac{2}{5}$

214 Determine a tangente do ângulo agudo formado pelas retas AB e CD dados A(–3, 7), B(1, –1), C(7, –2) e D(–1, 10).

215 Se as retas **r** e **s** formam um ângulo cujo cosseno é $\dfrac{3}{5}$, sendo $\dfrac{1}{3}$ o coeficiente angular de **r**, determine o coeficiente angular de **s**.

216 Determine a equação da reta que passa por P(–7, 2) e forma ângulo de 45° com (r) $3x - 2y - 13 = 0$.

217 Dado o ponto P(5, – 3) e a reta (r) x + 3y + 21 = 0, determine a equação da reta que passa por P e forma com r um ângulo θ tal que tgθ = 3.

218 Determine a reta simétrica de (s) 3x – 2y – 13 = 0 em relação à reta (r) x – 2y – 7 = 0.

Resp: **207** a) Nulo b) Nulo c) Reto d) Nulo e) Reto f) Nulo   **208** a) 45° b) 45° c) 45° d) Reto e) 45° f) 45°

209 a) tgθ = $\frac{1}{2}$ ou θ = arctg$\frac{1}{2}$ b) tgθ = $\frac{1}{3}$ c) arctg $\frac{2}{3}$ **210** a) 45° b) θ = arctg$\frac{17}{6}$

211 a) arctg 9 b) arctg 2 c) arctg $\frac{3}{4}$ **212** arctg $\frac{13}{9}$

219 Determine a reta simétrica de (s) 4x + 3y – 18 = 0 em relação à reta (t) 3x + y – 11 = 0.

220 Determine a equação da reta que passa por P(– 1, 5) e forma ângulos congruentes com as retas (r) 3x – 4y – 1 = 0 e (s) 4x – 3y + 4 = 0.

221 Determinar a distância entre P(– 2, 3) e a reta AB, dados A(–14, 7) e B(– 10, 4).

222 Determine o coeficiente angular da reta AB dados **A** e **B** nos casos:

a) A(–1, 7) e B(9, –8)   b) A(4, –5) e B(–4, 7)   c) A(–1, 11) e B(–11, 1)

223 Determine **k** de modo que os pontos **A**, **B** e **C** sejam colineares nos casos:

a) A(–2, 3), B(5, 2) e C(1, k)   b) A(k, –3), B(2, 1) e C(6, 7)

224 Determine a equação geral da reta determinada pelos pontos **A** e **B** nos casos:

a) A(–2, 3) e B(3, 2)   b) A(0, 1) e B(4, 2)   c) A(0, 4) e B(–2, 0)
d) A(2, 3) e B(3, 2)   e) A(–4, 0) e B(3, –1)   f) A(0, 3) e B(1, 2)

225 Determine **k** de modo que o ponto **P** pertença à reta **r**, nos casos:

a) P(–1, 7), (r) 3x – 8y + k = 0   b) P(–3, –2), (r) (2k – 1) x – y + k – 2 = 0

226 Determine a equação geral da reta horizontal que passa pelo ponto **P**, nos casos:

a) P(–3, 5)   b) P(2, –6)   c) P(0, 7)   d) P(–2, 1)   e) P(3, –8)

227 Determine a equação geral da reta vertical que passa pelo ponto **P**, nos casos:

a) P(3, –7)   b) P(–4, 13)   c) P(8, 0)   d) P(–2, –5)   e) P(13, –1)

228 Determine a equação geral da reta que passa pela origem do sistema de coordenadas e pelo ponto **P**, nos casos:

a) P(10, 15)   b) P(–4, 6)   c) P(8, –12)   d) P(–3, –5)   e) P(2, 4)

229 Determine o coeficiente angular **m** e o coeficiente linear **q** da reta **r** nos casos:

a) (r) y = 4x – 6   b) (r) 2x – y + 9 = 0   c) (r) 6x – 8y – 9 = 0

230 Determine o coeficiente angular da reta **r** nos casos:

a) (r) 3x – y – 19 = 0   b) (r) 6x – 9y – 4 = 0   c) (r) 10x – 5y – 9 = 0

d) (r) $\dfrac{x}{3} + \dfrac{y}{2} = 1$ e) (r) $\dfrac{x}{-8} + \dfrac{y}{-4} = 1$ f) (r) $\begin{cases} x = 2t - 1 \\ y = 5t + 7 \end{cases}$

231 Escrever a equação reduzida da reta **r**, nos casos:

a) (r) 6x – 2y + 5 = 0   b) (r) $\dfrac{x}{-4} + \dfrac{y}{6} = 1$ c) (r) $\begin{cases} x = 2t - 5 \\ y = 8 - t \end{cases}$

232 Determine os pontos onde a reta **r** corta os eixos coordenados nos casos:

a) $\dfrac{x}{7} + \dfrac{y}{9} = 1$ b) $\dfrac{x}{-2} + \dfrac{y}{3} = 1$ c) $\dfrac{x}{7} + y = 1$ d) $\dfrac{2x}{3} + \dfrac{5y}{-7} = 1$

e) 6x – 4y – 24 = 0   f) $y = \dfrac{5}{3}x - \dfrac{1}{4}$ g) (r) $\begin{cases} x = 3t - 6 \\ y = 2t - 8 \end{cases}$

233 Determine a equação segmentária da reta **r**, nos casos:

a) (r) $\dfrac{2x}{3} - \dfrac{5y}{2} = 1$ b) (r) 3x – 2y = –1   c) (r) 4x + 6y – 12 = 0

d) (r) 3x – 5y – 7 = 0   e) (r) $y = 2x - \dfrac{7}{3}$ f) (r) $\begin{cases} x = 2t - 1 \\ y = t + 3 \end{cases}$

Resp: **213** a) $\dfrac{11}{3}$ ou $\dfrac{3}{11}$ b) $-\dfrac{4}{19}$ ou $-\dfrac{16}{11}$ **214** $\dfrac{1}{8}$ **215** 3 ou $-\dfrac{9}{13}$

216 5x + y + 33 = 0 ou x – 5y + 17 = 0   **217** 4x – 3y – 29 = 0 ou x – 5 = 0   **218** x + 18y + 33 = 0

234 Determinar a área do triângulo que a reta **r** determina com os eixos coordenados, nos casos:

a) (r) $\dfrac{x}{9} + \dfrac{y}{-8} = 1$ b) (r) $y = 2x + 18$ c) (r) $5x - 2y + 100 = 0$ d) (r) $\begin{cases} x = t - 12 \\ y = 2t + 18 \end{cases}$

235 Resolver:

a) Determine a equação geral da reta r sabendo que $x = t - 7$ e $y = 3 - 2t$.

b) Dada a reta (r) $2x - 3y - 5 = 0$, se $2t - 5$ é a abscissa, em função do parâmetro **t**, de um ponto P de **r**, deteremine a ordenada de P, em função de **t**.

236 Determine a equação geral da reta que passa por **P** e tem coeficiente angular **m**, nos casos:

a) $P(3, -7)$ e $m = 3$ b) $P(-2, 4)$ e $m = \dfrac{2}{3}$ c) $P(5, -2)$ e $m = -\dfrac{3}{2}$

237 Determine a equação geral da reta que passa por **P** e forma ângulo α com o eixo das abscissas, nos casos:

a) $P(-3, 2)$, $\alpha = 45°$ b) $P(5, -4)$, $\alpha = 135°$ c) $P(1, 0)$, $\alpha = 120°$ d) $P\left(-\dfrac{\sqrt{3}}{3}, \dfrac{7}{3}\right)$, $\alpha = 150°$

238 Dado o coeficiente angular $m = -\dfrac{1}{2}$, de uma reta **r**, determine a equação geral da reta

a) s, que passa por $A(-5, 3)$ e é paralela à **r**.

b) t, que passa por $B\left(-\dfrac{1}{2}, -2\right)$ e é perpendicular à **r**.

239 Determine a equação da reta que passa por **P** e é paralela à reta **r**, nos casos:

a) $P(-5, 2)$ e (r) $3x - 2y - 1 = 0$ b) $P(3, -5)$ e (r) $x - 3y - 4 = 0$

240 Determine a equação da reta que passa por **P** e é perpendicular à reta **r**, nos casos:

a) $P(-3, 1)$ e (r) $3x - 2y - 2 = 0$ b) $P(2, -4)$ e (r) $2x + 5y - 1 = 0$

241 Determine a intersecção das retas **r** e **s** nos casos:

a) (r) $2x + y = 4$ b) (r) $x + 2y = 5$
   (s) $x - 2y = 7$ (s) $2x + 3y = 7$

242 Dado o ponto $P(5, 6)$ e a reta (r) $2x + y - 6 = 0$, determine:

a) A equação da reta que passa por P e é perpendicular à **r**.

b) A projeção ortogonal do ponto P sobre a reta **r**.

c) O simétrico de P em relação à reta **r**.

243 Dada a equação $(a + 2)x + (a^2 - 9)y + 3a^2 - 8a + 5 = 0$, determine **a** nos casos:

a) Para que ela seja a equação de uma reta paralela ao eixo dos x.

b) Para que ela seja a equação de uma reta paralela ao eixo dos y.

c) Para que ela seja a equação de uma reta que passa pela origem.

244 A equação $(m + 2n - 3)x + (2m - n + 1)y + 6m + 9 = 0$ é de uma reta paralela ao eixo das abscissas e corta o eixo dos y em um ponto de ordenada -3. Determine **m**, **n** e a equação dessa reta.

245 A equação $(2m - n + 5)x + (m + 3n - 2)y + 2m + 7n + 19 = 0$ é paralela ao eixo das ordenadas e corta o eixo dos x em um ponto de abscissa 5. Determine **m**, **n** e a equação dessa reta.

246 Dados (r) ax − 2y − 1 = 0 e (s) 6x − 4y − b = 0, determine **a** e **b** para que as retas **r** e s sejam:

a) Concorrentes   b) Paralelas distintas   c) Coincidentes

247 Dados (r)mx + 8y + n = 0 e (s) 2x + my − 1 = 0, determine **m** e **n** para que as retas **r** e **s** sejam:

a) Paralelas distintas   b) Coincindentes   c) Perpendiculares

248 Determine **m** de modo que as retas de equações (m − 1) x + my − 5 = 0 e mx + (2m − 1) y + 7 = 0 sejam concorrentes num ponto do eixo **x**.

249 As retas (r) mx + (2m + 3) y + m + 6 = 0 e (s) (2m + 1)x + (m − 1) y + m − 2 = 0 interceptam-se num ponto do eixo y. Determine **m**.

250 Para quais valores de **a** as retas 2x − y + 3 = 0 e x + y + 3 = 0 e ax + y − 13 = 0 determinam um triângulo?

251 Determine a área do triângulo ABC nos casos:

a) A(2, − 3), B(3, 2) e C(− 2, 5)   b) A(3, − 4), B(− 2, 3) e C(4, 5)

252 Determine a altura relativa ao vértice **C** de um triângulo ABC dados A(3, 6), B(− 1, 3) e C(2, − 1).

253 A(− 2, 3), B(4, − 5) e C(− 3, 1) são vértices de um paralelogramo ABCD. Determine a área desse quadrilátero.

254 A(3, 7), B(2, − 3) e C(− 1, 4) são vértices de um paralelogramo ABCD. Determine a altura relativa ao lado AC desse paralelogramo.

255 Se A(3, 1) e B(1, − 3) são vértice de um triângulo ABC de área 3, cujo vértice **C** está no eixo das ordenadas, determine **C**.

256 O centro de gravidade de um triângulo ABC de área 3 está no eixo das abscissas. Dados A(3, 1) e B(1, − 3), determine **C**.

Resp: **219** x − 3 = 0   **220** x − y + 6 = 0 ou x + y − 4 = 0   **221** 4

222 (t) x + 3y + 12 = 0 ou (t) x + 3y − 10 = 0   **223** a) $-\frac{3}{2}$ b) $-\frac{3}{2}$ c) 1   **223** a) $\frac{18}{7}$ b) $-\frac{2}{3}$

224 a) x + 5y − 13 = 0   b) x − 4y + 4 = 0   c) 2x − y + 4 = 0   d) x + y − 5 = 0   e) x + 7y + 4 = 0

f) 5x − y − 3 = 0   **225** a) 59   b) $\frac{3}{5}$ **226** a) y − 5 = 0   b) y + 6 = 0   c) y − 7 = 0

d) y − 1 = 0   e) y + 8 = 0   **227** a) x − 3 = 0   b) x + 4 = 0   c) x − 8 = 0

d) x + 2 = 0   e) x − 13 = 0   **228** a) 3x − 2y = 0   b) 3x + 2y = 0   c) 3x + 2y = 0

d) 5x − 3y = 0   e) 2x − y = 0   **229** a) m = 4, q = − 6   b) m = 2, q = 9   c) m = $\frac{3}{4}$, q = $-\frac{9}{8}$

230 a) 3   b) $\frac{2}{3}$ c) 2   d) $-\frac{2}{3}$ e) $-\frac{1}{2}$ f) $\frac{5}{2}$ **231** a) y = 3x + $\frac{5}{2}$ b) y = $\frac{3}{2}$x + 6

c) y = $-\frac{1}{2}$x + $\frac{11}{2}$ **232** a) (7, 0) e (0, 9)   b) (− 2, 0) e (0, 3)   c) (7,0) e (0, 1)   d) $\left(\frac{3}{2}, 0\right)$ e $\left(0, \frac{7}{5}\right)$

e) (4, 0) e (0, − 6)   f) $\left(\frac{3}{20}, 0\right)$ e $\left(0, -\frac{1}{4}\right)$ g) (0, − 4) e (6, 0)   **233** a) $\frac{x}{\frac{3}{2}} + \frac{y}{-\frac{2}{5}} = 1$

b) $\frac{x}{-\frac{1}{3}} + \frac{y}{\frac{1}{2}} = 1$ c) $\frac{x}{3} + \frac{y}{2} = 1$ d) $\frac{x}{\frac{7}{3}} + \frac{7}{-\frac{7}{5}} = 1$ e) $\frac{x}{\frac{7}{6}} + \frac{y}{-\frac{7}{3}} = 1$ f) $\frac{x}{-7} + \frac{y}{\frac{7}{2}} = 1$

257 Determine o ângulo agudo formado pelas retas **r** e **s**, nos casos:
a) (r) 2x – 7 = 0 e (s) 2x – 5y – 1 = 0
b) (r) 3x + 2y + 1 = 0 e (s) x – 9 = 0
c) (r) 5x – y + 7 = 0 e(s) 3x + 2y – 9 = 0
d) (r) x + 3y – 7 = 0 e (s) 3x – 2y – 8 = 0

258 Determine a equação da reta que passa por P(2, 1) e forma um ângulo de 45° com a reta(r) 2x + 3y + 4 = 0.

259 A(–1, 3) e B(– 2, 4) são vértices de um paralelogramo ABCD de área 12 cuja intersecção das diagonais está no eixo das abscissas. Determine C e D.

260 As diagonais de um paralelogramo ABCD de área 17 interceptam-se no eixo das ordenadas. Dados A(2, 1) e B(5, – 3), determine C e D.

261 As retas 4x + 3y – 5 = 0, x – 3y + 10 = 0 e x – 2 = 0 contêm os lados de um triângulo. Determine os vértices desse triângulo.

262 As retas 8x + 3y + 1 = 0 e 2x + y – 1 = 0   contêm dois lados de um paralelogramo e a reta 3x + 2y + 3 = 0 contêm uma das diagonais. Determine os vértices desse paralelogramo.

263 Determine a área de um triângulo cujos lados estão nas retas x + 5y – 7 = 0, 3x – 2y – 4 = 0 e 7x + y + 19 = 0.

264 Um triângulo ABC com C na reta (r) 2x + y – 2 = 0 tem 8 de área. Dados ainda A(1, – 2) e B(2, 3), determine C.

265 Se A(2, – 3) e B(3, – 2) são vértices de um triângulo ABC de 1,5 de área cujo centro de gravidade está na reta (r) 3x – y – 8 = 0, determine o vértice C.

266 As retas 2x – 3y + 5 = 0 e 3x + 2y – 7 = 0 contêm dois lados de um retângulo. Sendo A(2,– 3) um vértice do retângulo, determine as equações das retas que contém os outros lados.

267 As retas x – 2y = 0 e x – 2y + 15 = 0 contêm dois lados de um retângulo e a reta 7x + y – 15 = 0, uma de suas diagonais. Determine os vértices.

268 Determine a projeção ortogonal do ponto P(– 6, 4) sobre a reta (r) 4x – 5y + 3 = 0.

269 Determine o simétrico do ponto P(– 5, 13) em relação à reta (r) 2x – 3y – 3 = 0.

270 Dados os pontos P(2, 1), Q(5, 3) e T(3, – 4), pontos médios dos lados de um triângulo, determine as equações dos lados (das retas que contém os lados). Obs: Neste caderno quando pedirmos a equação de um segmento, estamos, na realidade, pedindo a equação da reta que o contém.

271 Dados os pontos P(2, 3) e Q(– 1, 0), determine a reta perpendicular ao segmento PQ por Q.

272 O ponto P(2, 3) é o pé da reta, perpendicular a uma reta r, conduzida pela origem do sistema de coordenadas. Determine r.

273 Dados os vértices A(2, 1), B(– 1, – 1) e C(3, 2) de um triângulo, determine as equações das suas alturas (das retas que contém as suas alturas).

274 Determine o ortocentro (encontro das alturas) do triângulo determinado pelas retas 4x – y – 7 = 0, x + 3y – 31 = 0 e x + 5y – 7 = 0.

275 A(1, – 1), B(– 2, 1) e C(3, 5) são os vértices de um triângulo. Determine a reta por A, perpendicular à mediana (à reta que a contém) relativa ao lado AC.

276 A(2, −2), B(3, −5) e C(5, 7) são vértices de um triângulo. Determine a reta por C, perpendicular à bissetriz relativa ao vértice A.

277 Determine a equação da reta que passa por P(3,5) e eqüidista dos pontos A(−7, 3) e B(11, −15).

278 Determine a projeção do ponto P(−8, 12) sobre a reta AB, dados A(2, −3) e B(−5, 1).

279 Determine o simétrico do ponto P(8, −9) em relação à reta AB dados A(3, −4) e B(−1, −2).

280 Determine um ponto P do eixo das abscissas de modo que a soma das distâncias dele até os pontos A(1, 2) e B(3, 4) seja mínima.

281 Determine um ponto P do eixo das ordenadas, de modo que a diferença entre suas distâncias até os pontos A(−3, 2) e B(2, 5) seja máxima.

282 Determine um ponto da reta (r) $2x - y - 5 = 0$, de modo que à soma das distâncias entre ele e os pontos A(−7, 1) e B(−5, 5) seja mínima.

283 Determine um ponto da reta (r) $3x - y - 1 = 0$, de modo que diferença entre suas distâncias até os pontos A(4, 1) e B(0, 4) seja máxima.

284 O ponto A(−4, 5) é vértice de um quadrado. Se uma diagonal do quadrado está sobre a reta $7x - y + 8 = 0$, determine as equações dos lados e da outra diagonal do quadrado.

285 A(−1, 3) e C(6, 2) são vértice opostos de um quadrado. Determine a equação dos lados (das retas que contêm os lados).

286 Um lado de um quadrado está sobre a reta $x - 2y + 12 = 0$ e P(1, −1) é o centro desse quadrado. Determine as equações dos outros lados.

287 Um raio de luz, ao longo da reta (r) $x - 2y + 5 = 0$, ao incidir na reta (s) $3x - 2y + 7 = 0$ é refletido. Determine a equação da reta que contém o raio refletido.

288 A(−10, 2) e B(6, 4) são vértices de um triângulo cujo ortocentro é P(5, 2). Determine o outro vértice.

289 O lado AB de um triângulo ABC está sobre a reta $5x - 3y + 2 = 0$, a altura AN está em $4x - 3y + 1 = 0$ e a altura BM sobre $7x + 2y - 22 = 0$. Determine a equação dos outros lados e da outra altura.

290 A(1, 3) é um vértice de um triângulo ABC e duas medianas estão sobre $x - 2y + 1 = 0$ e $y - 1 = 0$. Determine as equações das retas dos lados.

291 Duas alturas de um triângulo ABC estão nas retas $5x + 3y - 4 = 0$ e $3x + 8y + 13 = 0$. Dado B(−4, −5), determine as equações das retas dos lados desse triângulo.

Resp: **234** a) 36 b) 81 c) 500 d) 441   **235** a) $2x + y + 11 = 0$ b) $\frac{4}{3}t - 5$ **236** a) $3x - y - 16 = 0$
b) $2x - 3y + 16 = 0$ c) $3x + 2y - 11 = 0$ **237** a) $x - y + 5 = 0$ b) $x + y - 1 = 0$
c) $\sqrt{3} + y - \sqrt{3} = 0$ d) $\sqrt{3}x + 3y - 6 = 0$ **238** a) $x + 2y - 1 = 0$ b) $2x - y - 1 = 0$
239 a) $3x - 2y + 19 = 0$ b) $x - 3y - 18 = 0$ **240** a) $2x + 3y + 3 = 0$ b) $5x - 2y - 18 = 0$
241 a) {(3, −2)}   b) {(−1, 3)}   **242** a) $x - 2y + 7 = 0$ b) (1, 4)   c) (−3, 2)   **243** a) a = −2
b) a = −3 ou a = 3   c) a = 1 ou a = $\frac{5}{3}$ **244** m = 7, n = −2, y + 3 = 0
245 m = −4, n = 2, x − 5 = 0   **246** a) a ≠ 3   b) a = 3 e b ≠ 2   c) a = 3 e b = 2
247 a) m = −4, n ≠ 2 ou m = 4, n ≠ −2   b) m = −4, n = 2 ou m = 4, n = −2   c) m = 0, n ∈ R
248 m = $\frac{7}{12}$ **249** m = 0 ou m = 6   **250** a ≠ −7 e a ≠ 1   **251** a) 14 u.a. b) 26 u.a.
252 5   **253** 20   **254** 7,4   **255** (0, −8) ou C(0, −2)   **256** C(5, 2) ou C(2, 2)

97

292 Duas bissetrizes de um triângulo estão sobre as retas x − 1 = 0 e x − y − 1 = 0. Dado A(4, −1), determine as equações das retas que contêm os lados desse triângulo.

293 As retas x − 7y + 15 = 0 e 7x + y + 5 = 0 contêm, respectivamente, uma altura e uma bissetriz relativas a um mesmo vértice de um triângulo ABC. Dado B(2, 6), determine as equações das retas dos lados.

294 As retas 3x − 4y + 27 = 0 e x + 2y − 5 = 0 contêm, respectivamente, uma altura e uma bissetriz relativas a vértices diferentes de um triângulo ABC. Dado B(2, −1), determine as equações das retas que contêm os lados.

295 As retas 2x − 3y + 12 = 0 e 2x + 3y = 0 contêm, respectivamente, uma altura e uma mediana relativas ao mesmo vértice de um triângulo ABC. Dado C(4, −1), determine as equações das retas dos lados do triângulo.

296 As retas 3x + y + 11 = 0 e x + 2y + 7 = 0 contêm, respectivamente, uma altura e uma mediana, relativas a vértices diferentes, de um triângulo ABC. Dado B(2, −7), determine as equações das retas que contêm os lados desse triângulo.

297 As retas x + 2y − 5 = 0 e 4x + 13y − 10 = 0 contêm, respectivamente, uma bissetriz e uma mediana, relativas ao mesmo vértice, de um triângulo ABC. Dado C(4, 3), determine as equações das retas dos lados desse triângulo.

298 As retas x − 4y + 10 = 0 e 6x + 10y − 59 = 0 contêm, respectivamente, uma bissetriz e uma mediana, relativas a vértices diferentes, de um triângulo ABC. Dado A(3, −1), determine as equações das retas dos lados desse triângulo.

299 Determine a equação da reta que passa pela origem do sistema e determine com as retas x − y + 12 = 0 e 2x + y + 9 = 0 um triângulo de área 1,5 u.a.

300 Se A(−1, 6) e B(5, 4) são vértices de um losango ABCD e P(3, 3) é um ponto da diagonal BD, determine os vértices C e D e a área desse losango.

301 Dadas as retas (r) x + y − 1 = 0 e (s) x + 2y + 3 = 0 e o ponto M(3, −1), determine um ponto A sobre r e um ponto B sobre s de modo que M seja ponto médio do segmento AB.

302 Dadas as retas (r) 2x + y + 2 = 0 e (s) x + 2y − 3 = 0, e o ponto P(5, −6), determine a reta que passa por P e intercepta r em A e s em B de modo que P divida o segmento orientado AB na razão $\frac{3}{5}$.

303 Dados os vértices A(5, 6) e B(−1, −2) e o ortocentro H(−1, 2) de um triângulo ABC, determine o vértice C.

304 Determine a equação da reta simétrica de (r) 3x − y − 4 = 0 em relação ao ponto P(−1, 1).

305 As retas (r) x − 3y + 5 = 0 e (s) 2x + 3y − 18 = 0 contêm dois lados de um triângulo cujo ortocentro é H(2, 7). Determine a equação da reta que contém o terceiro lado desse triângulo.

306 Determine a equação da reta cujos pontos são eqüidistantes das retas (r) 2x − y − 10 = 0 e (s) 2x − y + 4 = 0

307 As retas (r) x + 4y − 7 = 0, (s) 2x + y = 0 e (t) 3x − 2y − 7 = 0 contêm respectivamente o lado AB, a altura relativa a A e a altura relativa a B, de um triângulo ABC. Determine as equações das retas que contêm os outros lados e a outra altura.

Resp: **257** a) $\operatorname{arctg}\frac{5}{2}$ b) $\operatorname{arctg}\frac{2}{3}$ c) 45° d) $\operatorname{arctg}\frac{11}{3}$ **258** $x - 5y + 3 = 0$ ou $5x + y - 11 = 0$

259 C(– 7, – 3) e D(– 6, – 4) ou C(17, – 3) e D(18, – 4) **260** C(– 2, 12) e D(– 5, 16) ou $C\left(-2, \frac{2}{3}\right)$ e $D\left(-5, \frac{14}{3}\right)$

261 (2, – 1), (– 1, 3) e (2, 4) **262** (1, – 3), (– 2, 5), (5, – 9) e (8, – 17) **263** 17 **264** C(– 1, 4) ou $C\left(\frac{25}{7}, \frac{36}{7}\right)$ **265** C(1, – 1) ou C(– 2, – 10) **266** $3x + 2y = 0$ e $2x - 3y - 13 = 0$

267 (2, 1), (4, 2), (– 1, 7) e (1, 8) **268** (– 2, – 1) **269** (11, – 11)

270 $7x - 2y - 12 = 0, 5x + y - 28 = 0$ e $2x - 3y - 18 = 0$ **271** $x + y + 1 = 0$ **272** $2x + 3y - 13 = 0$

273 $4x + 3y - 11 = 0, x + y + 2 = 0$ e $3x + 2y - 13 = 0$ **274** (3, 4) **275** $4x + y - 3 = 0$

276 $x - 5 = 0$ **277** $x + y - 8 = 0$ ou $11x - y - 28 = 0$ **278** (– 12, 5) **279** (10, – 5)

280 $\left(\frac{5}{3}, 0\right)$ **281** P(0, 11) **282** (2, – 1) **283** (2, 5)

284 $4x + 3y + 1 = 0, 3x - 4y + 32 = 0, 4x + 3y - 24 = 0, 3x - 4y + 7 = 0$ e $x + 7y - 31 = 0$

285 $3x - 4y + 15 = 0, 4x + 3y - 30 = 0, 3x - 4y - 10 = 0$ e $4x + 3y - 5 = 0$

286 $2x + y - 16 = 0, 2x + y + 14 = 0$ e $x - 2y - 18 = 0$ **287** $29x - 2y + 33 = 0$ **288** (6, – 6)

289 (BC) $3x + 4y - 22 = 0$, (CA) $2x - 7y - 5 = 0$, (CP) $3x + 5y - 23 = 0$

290 $x + 2y - 7 = 0, x - 4y - 1 = 0$ e $x - y + 2 = 0$ **291** $3x - 5y - 13 = 0, 8x - 3y + 17 = 0$ e $5x + 2y - 1 = 0$

292 $2x - y + 3 = 0, 2x + y - 7 = 0$ e $x - 2y - 6 = 0$ **293** $4x - 3y + 10 = 0, 7x + y - 20 = 0$ e $3x + 4y - 5 = 0$

294 $4x + 7y - 1 = 0, y - 3 = 0$ e $4x + 3y - 5 = 0$ **295** $3x + 7y - 5 = 0, 3x + 2y - 10 = 0$ e $9x + 11y + 5 = 0$

296 $x - 3y - 23 = 0, 7x + 9y + 19 = 0$ e $4x + 3y + 13 = 0$ **297** $x + y - 7 = 0, x + 7y + 5 = 0$ e $x - 8y + 20 = 0$

298 $2x + 9y - 65 = 0, 6x - 7y - 25 = 0$ e $18x + 13y - 41 = 0$ **299** $x + 2y = 0$ ou $23x + 25y = 0$

300 C(3, – 2), D(– 3, 0) e S = 40 **301** A(– 3, 4) e B(9, – 6) **302** $4x + 3y - 2 = 0$ **303** $C\left(-\frac{19}{3}, 6\right)$

304 $3x - y + 12 = 0$ **305** $3x - 5y + 11 = 0$ **306** $2x - y - 3 = 0$

307 (BC): $x - 2y - 1 = 0$, (AC): $2x + 3y - 4 = 0$, (CH): $4x - y - 6 = 0$

308 A projeção ortogonal do ponto P(– 1, 6) sobre uma reta r é A(– 7, – 3). Determine a equação de **r**.

309 Dado o ponto P(– 6, 3) e a reta (r) 7x – 4y – 11 = 0, determine:

a) A equação da reta que passa por **P** e é perpendicular a **r**.

b) A projeção ortogonal de **P** sobre **r**.

c) O simétrico de **P** em relação à **r**.

310 Usando o processo do exercício anterior, determine a reta simétrica de
(r) x – 2y + 8 = 0 em relação a (s) 3x – y – 1 = 0.

311 Se as retas (r) x – 8y – 15 = 0 e (s) x + y – 3 = 0 contêm duas medianas de um triângulo ABC, dado A(5, 4), determine as equações das retas que contêm os lados do triângulo.

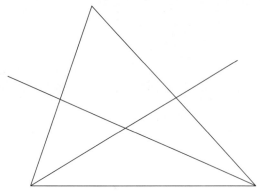

312 Dado o vértice A(4, 9) e as retas (r) x + 6y – 21 = 0 e (s) 7x + 5y + 1 = 0 que contêm duas alturas de um triângulo ABC, determine a equação da reta que contêm o lado BC.

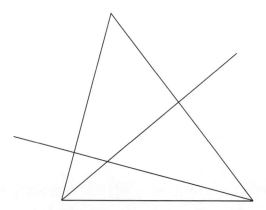

313 Dado o vértice A(– 1, 8) e a reta (r) 2x – 5y + 13 = 0 e a reta (s) x + 6y – 10 = 0, que contêm duas bissetrizes internas de um triângulo ABC, determine a reta que contém o lado BC desse triângulo.

314 Dadas as retas (r) 3x – 2y – 8 = 0 e (s) 5x + 4y – 6 = 0, determine a equação da reta t, perpendicular à reta (u) 3x – y + 31 = 0, que determina com **r** e **s** um triângulo de área 11.

Resp: **308** 2x + 3y + 23 = 0   **309** a) 4x + 7y + 3 = 0   b) (1, – 1)   c) (8, – 5)   **310** 2x + y – 9 = 0

311 (AC) 5x + 2y – 33 = 0, (AB) x – y – 1 = 0, (BC) 2x + 5y + 12 = 0   **312** (BC) 7x + 5y + 1 = 0

313 (BC) x – 3y – 9 = 0   **314** (t) x + 3y + 12 = 0 ou (t) x + 3y – 10 = 0

II. GEOMETRIA ANALÍTICA

1 – Distância entre ponto e reta

A distância entre um ponto P e a reta r de equação geral $ax + by + c = 0$ é dada por:

$$d_{P,r} = \left| \frac{ax_P + by_P + c}{\sqrt{a^2 + b^2}} \right|$$

1º modo: Traçando retas por **P**, paralelas aos eixos, determinando o triângulo APB. Os lados AB, AP e BP são determinados em função de a, b, c, x_p e y_p e usamos a relação $AB \cdot d = AP \cdot PB$

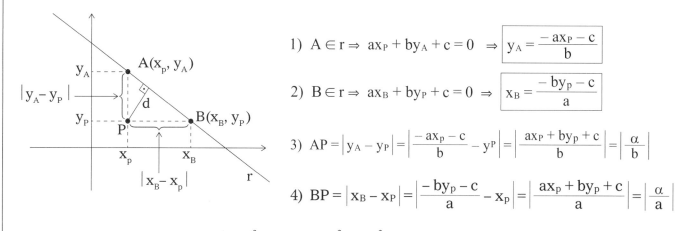

1) $A \in r \Rightarrow ax_P + by_A + c = 0 \Rightarrow y_A = \dfrac{-ax_P - c}{b}$

2) $B \in r \Rightarrow ax_B + by_P + c = 0 \Rightarrow x_B = \dfrac{-by_P - c}{a}$

3) $AP = |y_A - y_P| = \left| \dfrac{-ax_P - c}{b} - y_P \right| = \left| \dfrac{ax_P + by_P + c}{b} \right| = \left| \dfrac{\alpha}{b} \right|$

4) $BP = |x_B - x_P| = \left| \dfrac{-by_P - c}{a} - x_P \right| = \left| \dfrac{ax_P + by_P + c}{a} \right| = \left| \dfrac{\alpha}{a} \right|$

5) $AB^2 = AP^2 + BP^2 \Rightarrow AB^2 = \left|\dfrac{\alpha}{b}\right|^2 + \left|\dfrac{\alpha}{a}\right|^2 = \dfrac{\alpha^2}{a^2} + \dfrac{\alpha^2}{b^2} \Rightarrow$

$AB^2 = \dfrac{a^2\alpha^2 + b^2\alpha^2}{a^2 b^2} \Rightarrow AB = \dfrac{\sqrt{a^2+b^2}\,|\alpha|}{|ab|}$

6) Como $AB \cdot d = AP \cdot BP$, temos: $\dfrac{\sqrt{a^2+b^2}\,|\alpha|}{|ab|} \cdot d = \dfrac{|\alpha|}{|a|} \cdot \dfrac{|\alpha|}{|b|} \Rightarrow d = \dfrac{|\alpha|}{\sqrt{a^2+b^2}}$.

Como $\alpha = ax_P + by_P + c$, obtemos: $d_{P,r} = \left| \dfrac{ax_P + by_P + c}{\sqrt{a^2 + b^2}} \right|$

1º) Distâncias entre um ponto P e uma reta vertical e uma reta horizontal

a) Reta vertical

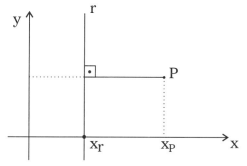

$d_{P,r} = |x_P - x_r|$

b) Reta horizontal

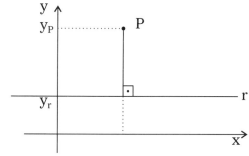

$d_{P,r} = |y_P - y_r|$

Obs: Com x_r estamos indicando a abscissa comum a todos os pontos de **r**. O mesmo a respeito de y_r.

Exemplo 1: Determine a distância entre $P(-7,9)$ e $(r)\, x - 4 = 0$ e entre $Q(-3,8)$ e $(s)\, y + 21 = 0$

$$d_{P,r} = |x_P - x_r| = |-7 - 4| = |-11| \Rightarrow \boxed{d_{P,r} = 11}$$

$$d_{Q,s} = |y_Q - y_s| = |8 - (-21)| = |8 + 21| = |29| \Rightarrow \boxed{d_{Q,s} = 29}$$

2) Distância entre duas retas paralelas

Sejam $(r)\, ax + by + c = 0$ e $(s)\, \alpha x + \beta y + \gamma = 0$ duas retas paralelas. Podemos escrever:

$(s)\, akx + bky + \gamma = 0 \Rightarrow (s)\, ax + by + \dfrac{\gamma}{k} = 0 \Rightarrow (s)\, ax + by + c' = 0$

onde $c' = \dfrac{\gamma}{k}$.

Como a distância entre duas retas paralelas é igual a distância entre um ponto qualquer de uma e a outra, vamos achar a distância entre um ponto **P** de **r** e a reta **s**

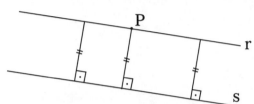

Como **P** está em **r** temos:

$ax_P + by_P + c = 0 \Rightarrow ax_P + by_P = -c$. Então:

$$d_{r,s} = d_{P,s} = \left|\dfrac{ax_P + by_P + c'}{\sqrt{a^2 + b^2}}\right| = \left|\dfrac{(ax_P + by_P) + c'}{\sqrt{a^2 + b^2}}\right| = \left|\dfrac{-c + c'}{\sqrt{a^2 + b^2}}\right| = \left|\dfrac{c - c'}{\sqrt{a^2 + b^2}}\right|$$

$$\boxed{d_{r,s} = \left|\dfrac{c' - c}{\sqrt{a^2 + b^2}}\right|} \quad \text{ou} \quad \boxed{d_{r,s} = \left|\dfrac{c - c'}{\sqrt{a^2 + b^2}}\right|}$$

Note que para usarmos esta fórmula, os coeficientes de x e y de uma reta têm que ser iguais, respectivamente, aos coeficientes de x e y da outra reta.

Exemplo 2: Determine a distância entre as retas $(r)\, 5x - 12y - 20 = 0$ e a reta $(s)\, 5x - 12y + 19 = 0$

Resolução:

$$d_{r,s} = \left|\dfrac{c - c'}{\sqrt{a^2 + b^2}}\right| = \left|\dfrac{-20 - 19}{\sqrt{5^2 + 12^2}}\right| = \left|\dfrac{-39}{13}\right| = |-3| = 3 \Rightarrow \boxed{d_{r,s} = 3}$$

Exemplo 3: Determine a distância entre $(r)\, 4x + 6y - 36 = 0$ e $(s)\, 6x + 9y + 24 = 0$

Resolução:

$(r)\, 4x + 6y - 36 = 0 \Rightarrow (r)\, 2x + 3y - 18 = 0$
$(s)\, 6x + 9y + 24 = 0 \Rightarrow (s)\, 2x + 3y + 8 = 0$

$$d_{r,s} = \left|\dfrac{c - c'}{\sqrt{a^2 + b^2}}\right| = \left|\dfrac{-18 - 8}{\sqrt{2^2 + 3^2}}\right| = \left|\dfrac{-26}{\sqrt{13}}\right| = \dfrac{26}{\sqrt{13}} = \dfrac{26\sqrt{13}}{13} = 2\sqrt{13} \Rightarrow \boxed{d_{r,s} = 2\sqrt{13}}$$

Distância entre ponto e reta

2º modo: Traçando por **P** a reta **s** perpendicular a **r**. Seja **A** o ponto de intersecção de **r** com **s**. Determinando **A** em função de a, b, c, x_P e y_P, calculando d = AP.

Como s é perpendicular a (r) ax + by + c = 0, obtemos: (s) bx – ay + k = 0

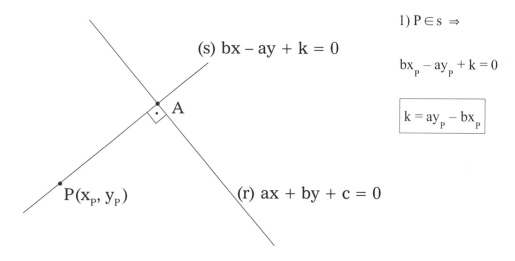

1) $P \in s \Rightarrow$

$bx_P - ay_P + k = 0$

$$\boxed{k = ay_P - bx_P}$$

2) Cálculo de A

$$\begin{cases} ax + by + c = 0 \\ bx - ay + k = 0 \end{cases} \begin{matrix}(a)\\(b)\end{matrix} \Rightarrow \begin{cases} a^2x + aby + ac = 0 \\ b^2x - aby + bk = 0 \end{cases}$$
$$\overline{(a^2 + b^2)x = -ac - bk} \Rightarrow \boxed{x_A = \frac{-ac - bk}{a^2 + b^2}}$$

$$\begin{cases} ax + by + c = 0 \\ bx - ay + k = 0 \end{cases} \begin{matrix}(b)\\(-a)\end{matrix} \Rightarrow \begin{cases} abx + b^2y + bc = 0 \\ -abx + a^2y - ak = 0 \end{cases}$$
$$\overline{(a^2 + b^2)y = -bc + ak} \Rightarrow \boxed{y_A = \frac{-bc + ak}{a^2 + b^2}}$$

$$d_{P,r} = PA = \sqrt{(x_P - x_A)^2 + (y_P - y_A)^2} = \sqrt{\left(x_P - \frac{-ac - bk}{a^2 + b^2}\right)^2 + \left(y_P - \frac{-bc + ak}{a^2 + b^2}\right)^2}$$

$$d_{P,r} = \sqrt{\left(\frac{a^2x_P + b^2x_P + ac + b(ay_P - bx_P)}{a^2 + b^2}\right)^2 + \left(\frac{a^2y_P + b^2y_P + bc - a(ay_P - bx_P)}{a^2 + b^2}\right)^2}$$

$$d_{P,r} = \sqrt{\frac{(a^2x_P + b^2x_P + ac + aby_P - b^2x_P)^2}{(a^2 + b^2)^2} + \frac{(a^2y_P + b^2y_P + bc - a^2y_P + abx_P)^2}{(a^2 + b^2)^2}}$$

$$d_{P,r} = \sqrt{\frac{a^2(ax_P + by_P + c)^2 + b^2(ax_P + by_P + c)^2}{(a^2 + b^2)^2}} = \sqrt{\frac{(ax_P + by_P + c)^2(a^2 + b^2)}{(a^2 + b^2)^2}} \Rightarrow$$

$$\boxed{d_{P,r} = \left| \frac{ax_P + by_P + c}{\sqrt{a^2 + b^2}} \right|}$$

2 – Bissetrizes dos ângulos formados por duas retas

Dadas duas retas concorrentes **r** e **s**, sabemos que o par de retas concorrentes que contêm as bissetrizes dos ângulos formados por elas é o lugar geométrico (LG) dos pontos que eqüidistam destas retas.

Sendo $(r)\ ax + by + c = 0$ e

$(s)\ a'x + b'y + c' = 0$ as equações de **r** e **s**, determinar as equações das retas que contêm as bissetrizes (ou equações das bissetrizes) dos ângulos formados por **r** e **s**, significa determinar uma relação entre as coordenadas x e y de um ponto genérico $P(x, y)$ pertencente a essas retas:

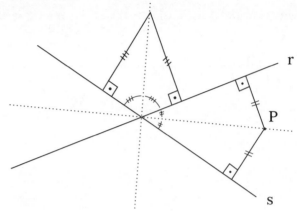

Como P eqüidista de **r** e **s**, temos:

$$d_{P,r} = d_{P,s} = \left|\frac{ax+by+c}{\sqrt{a^2+b^2}}\right| = \left|\frac{a'x+b'y+c'}{\sqrt{a'^2+b'^2}}\right| \Rightarrow \frac{ax+by+c}{\sqrt{a^2+b^2}} = \pm\frac{a'x+b'y+c'}{\sqrt{a'^2+b'^2}}$$

As equações obtidas são equações de duas retas, que são as bissetrizes dos ângulos formados pelas retas **r** e **s**. Estas bissetrizes são perpendiculares.

Exemplo 1: Determine as equações das bissetrizes dos ângulos formados pelas retas

$(r)\ 3x + 4y - 1 = 0$ e $6x - 8y + 7 = 0$

Resolução:

$$\frac{3x+4y-1}{\sqrt{3^2+4^2}} = \pm\frac{6x-8y+7}{\sqrt{6^2+8^2}} \Rightarrow \frac{3x+4y-1}{5} = \pm\frac{6x-8y+7}{10} \Rightarrow$$

$6x + 8y - 2 = \pm(6x - 8y + 7) \Rightarrow$

$6x + 8y - 2 = 6x - 8y + 7$ ou $6x + 8y - 2 = -6x + 8y - 7 \Rightarrow$

$\Rightarrow 16y - 9 = 0$ ou $12x + 5 = 0$

As retas $(t)\ 16y - 9 = 0$ e $(u)\ 12x + 5 = 0$ são as bissetrizes dos ângulos formados por **r** e **s**.

Exemplo 2: Determinar a equação da circunferência que tem centro $C(2, -6)$ e tangencia a reta $(s)\ 3x - 4y + 5 = 0$

Resolução:

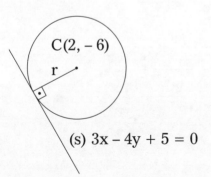

1) Cálculo do raio r

$$r = d_{C,s} = \left|\frac{3(2) - 4(-6) + 5}{\sqrt{3^2+4^2}}\right| = \left|\frac{35}{5}\right| \Rightarrow \boxed{r = 7}$$

2) $(x-a)^2 + (y-b)^2 = r^2 \Rightarrow (x-2)^2 + (y+6)^2 = 7^2 \Rightarrow$

$\boxed{x^2 + y^2 - 4x + 12y - 9 = 0}$

Exemplo 3: Determinar a altura relativa ao vértice A do triângulo ABC dados A(− 1, 5), B (− 2, − 3) e C (− 11, 3).

Resolução:

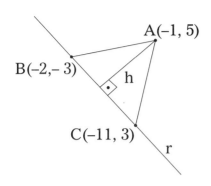

1) Equação da reta r determinada por B e C

$$m = \frac{-3-3}{-2+11} = \frac{-6}{9} = -\frac{2}{3}$$

(r) $y - y_B = m(x - x_B) \Rightarrow y + 3 = -\frac{2}{3}(x + 2) \Rightarrow$

$3y + 9 = -2x - 4 \Rightarrow$ (r) $2x + 3y + 13 = 0$

2) Cálculo de h

$$h = d_{A,r} = \left| \frac{2(-1) + 3(5) + 13}{\sqrt{2^2 + 3^2}} \right| = \frac{26}{\sqrt{13}} \Rightarrow \boxed{h = 2\sqrt{13}}$$

Exemplo 4: Dados duas paralelas (r) $ax + by + c = 0$ e (s) $ax + by + c' = 0$, mostre que a equação da reta paralela a elas, equidistante delas, é $ax + by + \frac{c + c'}{2} = 0$

Resolução: O segmento determinados por r e s em qualquer reta, concorrentes com ambas, tem o ponto médio na reta equidistante de ambas.

Vamos considerar o ponto médio do segmento que r e s determinam em um dos eixos (o eixo dos y por exemplo).

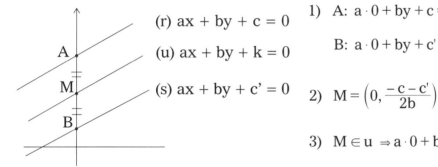

1) A: $a \cdot 0 + by + c = 0 \Rightarrow A\left(0, -\frac{c}{b}\right)$

B: $a \cdot 0 + by + c' = 0 \Rightarrow B\left(0, -\frac{c'}{b}\right)$

2) $M = \left(0, \frac{-c - c'}{2b}\right)$

3) $M \in u \Rightarrow a \cdot 0 + b\left(\frac{-c - c'}{2b}\right) + k = 0 \Rightarrow k = \frac{c + c'}{2} \Rightarrow$

(u) $ax + by + \frac{c + c'}{2} = 0$

Por exemplo, para (r) $3x - 5y + 21 = 0$ e (s) $3x - 5y - 3 = 0$, temos:

1º modo: (u) $3x - 5y + \frac{21 + (-3)}{2} = 0 \Rightarrow \boxed{(u)\ 3x - 5y + 9 = 0}$

2º modo: O que foi demonstrado é equivalente a somar as equações, membro a membro, e em seguida, dividir por 2

$$\begin{array}{l} (r)\ 3x - 5y + 21 = 0 \\ \underline{(s)\ 3x - 5y - 3 = 0} \\ (u)\ 6x - 10y + 18 = 0 \end{array} \Rightarrow \boxed{(u)\ 3x - 5y + 9 = 0}$$

Obs.: Para aplicar esta fórmula, os coeficientes de x e y de uma das equações têm que ser iguais, respectivamente, aos de x e y da outra.

Exemplo 5: Dadas as retas (r) $4x + 5y + 12 = 0$ e (s) $4x + 5y - 2 = 0$, determinar a equação da reta **u**, simétrica de **r** em relação à **s**.

Resolução: De acordo com a fórmula da distância entre retas paralelas, temos:

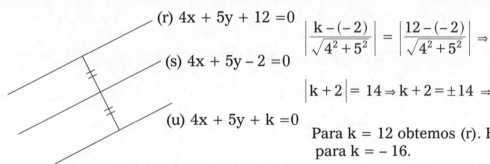

(r) $4x + 5y + 12 = 0$
(s) $4x + 5y - 2 = 0$
(u) $4x + 5y + k = 0$

$$\left|\frac{k-(-2)}{\sqrt{4^2+5^2}}\right| = \left|\frac{12-(-2)}{\sqrt{4^2+5^2}}\right| \Rightarrow$$

$|k+2| = 14 \Rightarrow k+2 = \pm 14 \Rightarrow \boxed{k=12}$ ou $\boxed{k=-16}$

Para k = 12 obtemos (r). Então a reta **u** é obtida para k = −16.

Então: $\boxed{(u)\ 4x + 5y - 16 = 0}$

outro modo: A reta **s** e equidistante das retas **r** e **u**. Então

$4x + 5y + \dfrac{12+k}{2} = 4x + 5y - 2 \Rightarrow \dfrac{12+k}{2} = -2 \Rightarrow \boxed{k=-16} \Rightarrow \boxed{(u)\ 4x+5y-16=0}$

Exemplo 6: Dados o pontos P(−3, 8) e a reta(r) $2x - 7y + 17 = 0$, obter a reta **u**, simétrica de **r** em relação a **P**.

Resolução: Pode-se achar a equação da reta **s**, por **P**, paralela a **r** e terminar, como o problema anterior. Mas vamos fazer usando a fórmula da distância entre ponto e reta.

Note que a reta procurada é paralela à reta **r**.

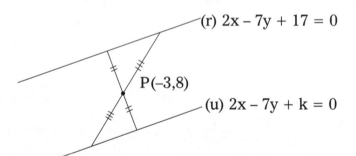

(r) $2x - 7y + 17 = 0$
P(−3, 8)
(u) $2x - 7y + k = 0$

$d_{P,u} = d_{P,r} \Rightarrow$

$$\left|\frac{2(-3)-7(8)+k}{\sqrt{2^2+7^2}}\right| = \left|\frac{2(-3)-7(8)+17}{\sqrt{2^2+7^2}}\right|$$

$\Rightarrow |-6-56+k| = |-6-56+17| \Rightarrow |k-62| = |-45| \Rightarrow$

$\Rightarrow k - 62 = \pm 45 \Rightarrow k = 107$ ou $k = 17$.

Para k = 17 a reta obtida é a própria **r**. Então a reta **u** é obtida para k = 107.

Então: $\boxed{(u)\ 2x - 7y + 107 = 0}$

Pelo modo citado acima: 1) (s) $2x - 7y + c = 0$. $P \in s \Rightarrow 2(-3) - 7(8) + c = 0 \Rightarrow \boxed{c=62}$
2) **s** é equidistante de **r** e **u**, temos:

$2x - 7y + 62 = 2x - 7y + \dfrac{17+k}{2} \Rightarrow \dfrac{17+k}{2} = 62 \Rightarrow 17+k = 124 \Rightarrow \boxed{k=107}$

Então: $\boxed{(u)\ 2x - 7y + 107 = 0}$

Exemplo 7: Determinar a equação da reta que é paralela a (s) $5x - 12y - \sqrt{3} - \pi = 0$ e dista 5 do ponto P(– 5, 4).

Resolução: 1) Há duas retas satisfazendo as condições do enunciado

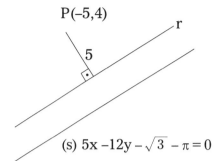

2) Como r é paralela a s, obtemos:
(r) $5x - 12y + k = 0$

3) $d_{P,r} = 5 \Rightarrow \left| \dfrac{5(-5) - 12(4) + k}{\sqrt{5^2 + 12^2}} \right| = 5 \Rightarrow$

$|k - 73| = 5 \cdot 13 \Rightarrow k - 73 = \pm\, 65 \Rightarrow$

$k = 138$ ou $k = 8 \Rightarrow$

$\boxed{(r)\ 5x - 12y + 138 = 0 \ \text{ou} \ (r)\ 5x - 12y + 8 = 0}$

Exemplo 8: Determinar a equação da reta que dista $3\sqrt{5}$ da reta (s) $2x - y + 10 = 0$.

Resolução: 1) Há duas retas satisfazendo a condição dada. Elas são paralelas à reta (s)

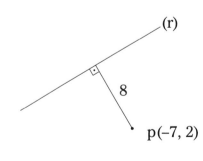

2) r paralela a s $\Rightarrow$ (r) $2x - y + k = 0$

3) $d_{r,s} = 3\sqrt{5} \Rightarrow \left| \dfrac{k - 10}{\sqrt{2^2 + 1^2}} \right| = 3\sqrt{5} \Rightarrow |k - 10| = 15 \Rightarrow$

$\Rightarrow k - 10 = \pm 15 \Rightarrow k = 25$ ou $k = -5$

$\boxed{(r)\, 2x - y + 25 = 0 \ \text{ou} \ (r)\, 2x - y - 5 = 0}$

Exemplo 9: Determinar a reta que tem coeficiente angular $m = \dfrac{3}{4}$ e dista 8 do ponto P(– 7, 2).

Resolução:

1) $m_r = \dfrac{3}{4} \Rightarrow (r)\, y = \dfrac{3}{4}x + q \Rightarrow 4y = 3x + 4q \Rightarrow$

$\Rightarrow 3x - 4y + 4q = 0 \Rightarrow \boxed{(r)\, 3x - 4y + k = 0}$

2) $d_{P,r} = 8 \Rightarrow \left| \dfrac{3(-7) - 4(2) + k}{\sqrt{3^2 + 4^2}} \right| = 8 \Rightarrow$

$\left| \dfrac{-29 + k}{5} \right| = 8 \Rightarrow |k - 29| = 40 \Rightarrow k - 29 = \pm 40 \Rightarrow$

$k = 69$ ou $k = -11 \Rightarrow \boxed{(r)\, 3x - 4y + 69 = 0 \ \text{ou} \ (r)\, 3x - 4y - 11 = 0}$

Exemplo 10: Determinar a equação da reta que passa por P(1,3) e dista 2 do ponto A(3, 7).

Resolução: 1) Distância entre A e P:

$$AP = \sqrt{(1-3)^2 + (3-7)^2} = \sqrt{20} = 2\sqrt{5} \Rightarrow AP > 2 \Rightarrow$$

Há duas retas que passam por P e distam 2 de A.

Se fosse AP = 2 ou AP < 2 teríamos:

AP = 2 $\Rightarrow$ Existe uma única reta que passa por P e dista 2 de A.

AP < 2 $\Rightarrow$ Não existe reta que passa por P e dista 2 de A.

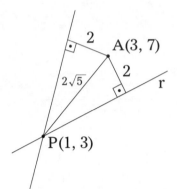

2) Equação de **r** em função de **m**:

$$y - 3 = m(x - 1) \Rightarrow (r)\ mx - y - m + 3 = 0$$

3) Cálculo de **m**

$$d_{A,r} = 2 \Rightarrow \left|\frac{m(3)-(7)-m+3}{\sqrt{m^2+1}}\right| = 2 \Rightarrow \left|\frac{2m-4}{\sqrt{m^2+1}}\right| = 2 \Rightarrow \left|\frac{m-2}{\sqrt{m^2+1}}\right| = 1$$

$$|m-2| = \sqrt{m^2+1} \Rightarrow m^2 - 4m + 4 = m^2 + 1 \Rightarrow \boxed{m = \frac{3}{4}}$$

Como só achamos um valor para m, então a outra reta não tem coeficiente angular, isto é, ela é vertical. E sua equação é (r) x = 1 ou (r) x – 1 = 0.

Determinemos a outra: (r) y – 3 = m (x – 1), $m = \frac{3}{4}$ $\Rightarrow$ (r) $y - 3 = \frac{3}{4}(x-1)$ $\Rightarrow$

(r) 4y – 12 = 3x – 3 $\Rightarrow$ (r) 3x – 4y + 9 = 0. $\boxed{(r)\ x - 1 = 0 \text{ ou } (r)\ 3x - 4y + 9 = 0}$

Exemplo 11: Determinar a equação da reta que forma 45° com (s) $2x - y - \sqrt{7} - 2 = 0$ e dista $3\sqrt{10}$ do ponto P(4, –3)

Resolução: 1) Há 4 retas satisfazendo estas condições

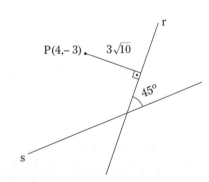

2) Determinemos o coeficiente angular **m** de **r**, sabendo que o de **s** é 2

$$\text{tg }45° = \left|\frac{m-2}{1+2m}\right| = 1 \Rightarrow \frac{m-2}{1+2m} = 1 \text{ ou } \frac{m-2}{1+2m} = -1 \Rightarrow$$

$\Rightarrow$ m – 2 = 1 + 2m ou m – 2 = –1 – 2m $\Rightarrow$ $\boxed{m = -3 \text{ ou } m = \frac{1}{3}}$

3) Equação de r: y = –3x + q ou $y = \frac{1}{3}x + q \Rightarrow$

3x + y – q = 0 ou x – 3y + 3q = 0 $\Rightarrow$ $\boxed{3x + y + c = 0 \text{ ou } x - 3y + k = 0}$

4) Cálculo de **c** e **k**, sabendo que a distância entre P e r é $3\sqrt{10}$

(I) $\left|\dfrac{3(4)+(-3)+c}{\sqrt{10}}\right| = 3\sqrt{10} \Rightarrow |c+9| = 30 \Rightarrow c + 9 = \pm 30 \Rightarrow \boxed{c = 21 \text{ ou } c = -39}$

(II) $\left|\dfrac{(4)-3(-3)+k}{\sqrt{10}}\right| = 3\sqrt{10} \Rightarrow |k+13| = 30 \Rightarrow k + 13 = \pm 30 \Rightarrow \boxed{k = 17 \text{ ou } k = -43}$

Equações das retas: 3x + y + 21 = 0 ou 3x + y – 39 = 0 ou x – 3y + 17 = 0 ou x – 3y – 43 = 0

315 Dada reta (r) $2x + y - 4 = 0$ e o ponto P (5, 4), determine

a) A equação da reta **s** que passa por **P** e é perpendicular a **r**.

b) O ponto **A** onde as retas **r** e **s** se interceptam.

c) Ache a distância entre **P** e **r** achando a distância entre P e A.

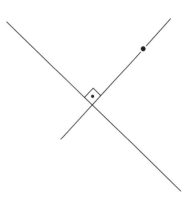

316 Usando a fórmula da distância entre um ponto e uma reta, determine a distância entre o ponto P (5, 4) e a reta (r) $2x + y - 4 = 0$

$$d_{P,r} = \left| \frac{ax_P + by_P + c}{\sqrt{a^2 + b^2}} \right|$$

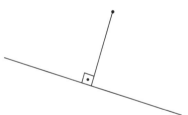

317 Determine a distância entre o ponto **P** e a reta **r** nos casos:

a) P (−2, 5) e (r) $3x - 4y - 14 = 0$

b) P (−1, −2) e (r) $5x + 12y - 10 = 0$

318 Determine a distância entre o ponto **P** e a reta **r**, nos casos:

a) P(–7, 5) e (r) x – 4 = 0

b) P(–9, 4) e (r) y + 20 = 0

c) P(5, –6) e (r) y – 13 = 0

d) P(4, 6) e (r) x + 13 = 0

319 Dadas as retas paralelas (r) 2x – y + 14 = 0 e (s) 2x – y – 6 = 0, determine:
a) O ponto **P** de s que tem abscissa 4.
b) A distância entre r e s, achando a distância entre P e r.

320 Usando a fórmula da distância entre retas paralelas, determine a distância entre as retas (r) 2x – y + 14 = 0 e (s) 2x – y – 6 = 0.

$$d_{r,s} = \left| \frac{c - c'}{\sqrt{a^2 + b^2}} \right|$$

321 Determine a distância entre as retas paralelas **r** e **s**, nos casos:

a) (r) 3x – 4y – 13 = 0 , (s) 3x – 4y + 37 = 0

b) (r) x – 3y – 7 = 0 , (s) x – 3y – 17 = 0

c) (r) 4x + 3y – 5 = 0 , (s) 8x + 6y + 20 = 0

d) (r) 3x – 2y – 50 = 0 , (s) 6x – 4y – 35 = 0

322 Determine a distância entre o ponto **P** e a reta **r** nos casos:

a) P(−2, 17) e (r): $\dfrac{x}{4} + \dfrac{y}{3} = 1$

b) P(−3, −2) e (r) $y = \dfrac{8}{15}x - \dfrac{1}{5}$

323 Determine o raio da circunferência com centro C(−5, 1), que tangencia a reta (t) $7x - 24y - 66 = 0$

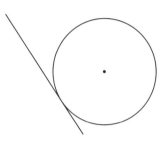

324 Determine a equação geral da circunferência de centro C(−5, 3), que tangencia a reta (t) $2x - 3y - 20 = 0$.

325 Determine a altura relativa ao vértice A de um triângulo ABC dados A(−1, 6), $B\left(4, -\dfrac{3}{2}\right)$ e C(−2, 1).

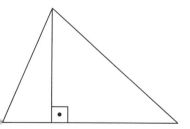

Resp: **315** a) (s) $x - 2y + 3 = 0$ b) A(1, 2)   c) $2\sqrt{5}$ **316** $2\sqrt{5}$ **317** a) 8   b) 3

326 As retas (r) $3x - 4y - 12 = 0$, (s) $2x + 9y - 43 = 0$ e (t) $x + y - 4 = 0$ contêm os lados de um triângulo ABC. Se BC está sobre r, determine a altura relativa ao lado BC.

327 Dois lados de um quadrado estão sobre as retas (r) $3x - 5y + 30 = 0$ e (s) $3x - 5y - 38 = 0$. Determine o lado desse quadrado.

328 Dois lados de um retângulo estão sobre as retas (r) $3x - 4y + 9 = 0$ e (s) $4x + 3y - 8 = 0$. Se $P(-7, 2)$ é um vértice desse retângulo, quais são as medidas dos seus lados?

329 A (–1, 2), B (3, 1) e C (–6, –1) são vértices de um paralelogramo. Determine as alturas desse paralelogramo.

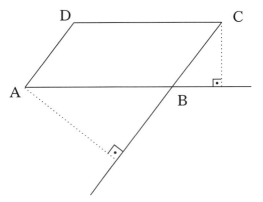

330 As equações das retas que contêm os lados AB, BC e AC de um triângulo ABC são, respectivamente, $x + 21y - 22 = 0$, $5x - 12y + 7 = 0$ e $4x - 33y + 146 = 0$. Determine a distância entre o baricentro desse triângulo e a reta BC.

Resp: **318** a) 11 b) 24 c) 19 d) 17   **319** a) P (4, 2) b) $4\sqrt{5}$ **320** $4\sqrt{5}$

321 a) 10 b) $\sqrt{10}$ c) 3 d) $\dfrac{5\sqrt{13}}{2}$ **322** a) 10 b) 3   **323** 5

324 $x^2 + y^2 + 10x - 6y - 83 = 0$ **325** 5

331 Dadas as retas paralelas (r) 2x − 5y − 11 = 0 e (s) 2x − 5y + 3 = 0, determine a equação da reta paralela a r e s, eqüidistante delas.

332 Dadas as retas paralelas (r) ax + by + c = 0 e (s) ax + by + d = 0, mostre que a equação da reta, paralela a ambas, eqüidistante delas é ax + by + $\frac{c+d}{2}$ = 0.

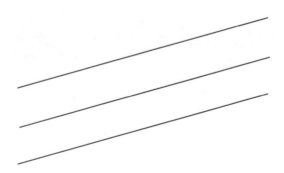

333 Dadas as retas r e s paralelas, determine a equação da reta paralela a ambas, eqüidistante delas, nos casos:

a) (r) 3x + 7y − 7 = 0
   (s) 3x + 7y + 5 = 0

b) (r) 2x − 3y − 5 = 0
   (s) 6x − 9y + 7 = 0

c) (r) 4x − 5y − 1 = 0
   (s) 4x − 5y + 10 = 0

d) (r) 8x + 12y − 3 = 0
   (s) 6x + 9y + 4 = 0

334 Dadas as retas $(r)\ 3x + 7y - 2 = 0$ e $(s)\ 3x + 7y + 3 = 0$, determine a equação da reta t, simétrica de r em relação a s.

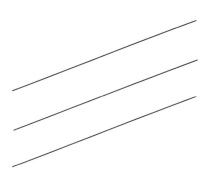

335 Dada a reta $(r)\ 5x - 3y - 9 = 0$ e o ponto $P(3, -1)$, determine a equação da reta simétrica de r em relação a P.

336 Dado um ponto P, uma reta r e uma distância d, $d > 0$, existem quantos retas que:

a) Distam d de P

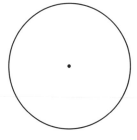

b) São paralelas a r e distam d de P

c) São perpendiculares a r e distam d de P

d) Formam ângulo agudo com r e distam d de P

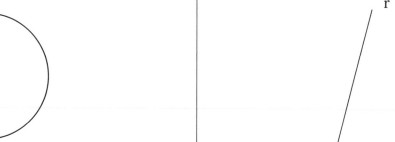

Resp: **326** 7 **327** $2\sqrt{34}$ **328** 4 e 6 **329** $\sqrt{17}$ e $\dfrac{\sqrt{85}}{5}$ **330** 3

337 Sendo 5 a distância entre os pontos A e P, há reta que:

a) Passa por P e dista 3 de A?

b) Passa por P e dista 4 de A?

c) Passa por P e dista 5 de A?

d) Passa por P e dista 6 de A?

338 Considere uma circunferência f e um ponto P. Dizer quantas retas passam por P e tangenciam f, nos casos:

a) P é externo a f

b) P pertence a f

c) P é interno a f

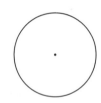
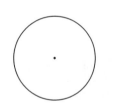

339 Dados dois pontos A e P, com AP = a, discutir a existência de uma reta que passa por P e dista d de A.

340 Determine k de modo que a reta (r) $2x - y + k = 0$ esteja distante $5\sqrt{5}$ do ponto $P(-3, 2)$.

341 Uma reta r tem coeficiente angular 3 e dista $2\sqrt{10}$ de P (4, – 2). Determine a equação dessa reta.

342 Uma reta r tem coeficiente linear 2 e dista $\dfrac{4\sqrt{5}}{5}$ do ponto P (4, 2). Determine a equação dessa reta.

343 Dados os pontos A (– 2, 2) e P (3, 2), determine:

a) A distância entre A e P
b) Quantas são as retas que passam por P e distam 2 de A
c) A reta que passa por P e dista 3 de A

Resp: **331** 2x – 5y – 4 = 0   **332** Use a fórmula da distância entre retas paralelas

333 a) 3x + 7y – 1 = 0   b) 6x – 9y – 4 = 0   c) 8x – 10y + 9 = 0   d) 48x + 72y + 7 = 0

334 3x + 7y + 8 = 0   **335** 5x – 3y – 27 = 0   **336** a) infinitas   b) 2   c) 2   d) 4

344 Determine a equação da reta que passa por P(3, –7) e dista 13 de A(–2, 5).

Sugestão: Ache primeiro a distância entre P e A.

345 Determine a equação da reta que passa por P(–3, 2) e dista 6 de A(2, –1).

346 Determine a equação da reta que passa por P(20, –22) e dista 5 do ponto P(–5, 3).

347 Determine a equação da reta que passa por P(3, –1) e dista 4 do ponto A(–1, 4).

348 Determine a equação da reta que passa por P(–7, 3) e dista 9 do ponto A(2, 3).

349 Determine a equação da reta que passa por P(1, –2) e dista 5 do ponto A(–3, 1).

350 Determine a equação da reta que passa por P(4, –1) e dista 2 do ponto A(1, 1).

351 Determine a equação da reta que passa por P(2, –5) e dista $2\sqrt{2}$ do ponto A(–4, –3).

Resp: **337** a) Há 2 retas b) Há 2 retas c) Há uma única d) Não existe **338** a) Duas b) Uma c) Não existe
339 Se d < a, então há duas retas que passam por P e distam d de A. Se d = a, então existe uma única e se d > a, então não existe reta que passa por P e dista d de A. **340** k = –17 ou k = 33
341 3x – y + 6 = 0 ou 3x – y – 34 = 0   **342** $y = \frac{1}{2}x + 2$ ou $y = -\frac{1}{2}x + 2$
343 a) 5 b) 2 c) 3x – 4y – 1 = 0 ou 3x + 4y – 17 = 0

352 Dada a reta (r) $8x - 15y - 4 = 0$, determine a equação da reta que dista 4 de **r**.

353 Determine **k** de modo que a distância entre o ponto P $(-1, 5)$ e a reta (r) $2x + 3y + k = 0$ seja $2\sqrt{13}$.

354 Determine a equação da reta que é paralela à reta (r) $4x + 3y - 11 = 0$ e dista 4 do ponto P $(-1, 3)$.

355 Determine a equação da reta que é perpendicular à reta (r) $2x - 4y - 7 = 0$ e dista $3\sqrt{5}$ do ponto P $(4, -2)$.

356 Determine um ponto da reta (t) $5x + y - 7 = 0$ que é eqüidistante das retas (r) $3x - 2y - 5 = 0$ e (s) $3x - 2y + 7 = 0$.

357 Determine um ponto da reta (u) $2x - y - 4 = 0$ que dista $2\sqrt{5}$ da reta (r) $2x + y - 2 = 0$.

358 Determine um ponto do eixo das ordenadas que dista $2\sqrt{17}$ da reta (r) $4x - y + 1 = 0$.

359 Determine um ponto do eixo das abscissas que dista 9 da reta (r) $3x - 4y - 6 = 0$.

Resp: **344** $5x - 12y - 99 = 0$ **345** $PA = \sqrt{34} < 6$. Então, não existe reta que passa por P e dista $6 > \sqrt{34}$ de A.
346 $4x + 3y - 14 = 0$ ou $3x + 4y + 28 = 0$ **347** $9x + 40y + 13 = 0$ ou $x - 3 = 0$.
348 $x + 7 = 0$ **349** $4x - 3y - 10 = 0$ **350** $12x + 5y - 43 = 0$ ou $y + 1 = 0$
351 $x + y + 3 = 0$ ou $x - 7y - 37 = 0$

360 Determine um ponto da bissetriz dos quadrantes ímpares que dista $6\sqrt{2}$ da reta (r) $7x + y - 4 = 0$.

361 Determine um ponto da bissetriz dos quadrantes pares que dista $9\sqrt{41}$ da reta (r) $5x - 4y - 18 = 0$.

362 Dada a reta (r) $3x - y - 1 = 0$ e o ponto P (5, -2), determine uma reta que dista $4\sqrt{5}$ de **P** e forma ângulo de 45° com **r**.

363 Determine a distância entre o centro da circunferência $x^2 + y^2 - 8x + 6y - 11 = 0$ e uma reta que é tangente a ela.

364 Uma circunferência de centro C (– 2, 5) tangencia a reta (t) x + 3y + 7 = 0 . Determine o raio dessa circunferência.

365 Determine a equação de uma circunferência que tem centro C (– 3, 6) e tangencia a reta (t) 2x – y – 3 = 0 .

366 Determine a equação do circunferência do 2º quadrante que tem raio 6 e tangencia os eixos coordenados.

367 Determine as equações das retas

a) Verticais que tangenciam a circunferência $x^2 + y^2 - 4x - 14y + 37 = 0$

b) Horizontais que tangenciam a circunferência $x^2 + y^2 + 8x - 2y + 8 = 0$

Resp: **352** 8x – 15y + 64 = 0 ou 8x – 15y – 72 = 0 **353** k = 13 ou k = – 39
354 4x + 3y + 10 = 0 ou 4x + 3y – 20 = 0 **355** 2x + y + 9 = 0 ou 2x + y – 21 = 0
356 (1, 2) **357** (– 1, – 6) ou (4, 4) **358** (0, – 33) ou (0, 35) **359** (– 13, 0) ou (17, 0)

368 Determine uma reta que é paralela à reta (s) $3x - 4y - 21 = 0$ e tangencia a circunferência de equação $x^2 + y^2 - 6x + 10y - 2 = 0$.

369 Determine uma reta que é perpendicular à reta (s) $2x + y - 31 = 0$ e tangencia a circunferência $x^2 + y^2 + 2x - 6y - 10 = 0$.

370 Determine uma reta que tem coeficiente angular $\frac{3}{4}$ e tangencia a circunferência $x^2 + y^2 - 4x + 2y - 20 = 0$.

371 Determine a equação da reta que passa por P (2, 4) e seja tangente à circunferência $x^2 + y^2 - 8x + 4y - 20 = 0$.

Obs: Determine primeiro a posição entre P e a circunferência.

372 Determine a equação da reta que passa por P (9, 2) e seja tangente à circunferência $x^2 + y^2 + 2x - 4y - 5 = 0$.

373 Determine a equação da reta que passa por P (– 2, – 6) e tangencia a circunferência $x^2 + y^2 - 2x - 2y - 7 = 0$.

Resp: **360** (– 7, – 7) ou (8, 8)   **361** (43, – 43) ou (– 39, 39)   **362** 2x + y + 12 = 0 ou 2x + y – 28 = 0 ou x – 2y + 11 = 0 ou x – 2y – 29 = 0   **363** 6   **364** $2\sqrt{10}$

365 $x^2 + y^2 + 6x - 12y = 0$ **366** $x^2 + y^2 + 12x - 12y + 36 = 0$

367 a) x + 2 = 0 e x – 6 = 0   b) y + 2 = 0 e y – 4 = 0

374 Dada a reta (s) $2x + y - 37 = 0$ e a circunferência $x^2 + y^2 + 10x - 4y - 36 = 0$ determine a equação de uma reta t que tangencia essa circunferência e forma com a reta s um ângulo cuja tangente vale $\frac{2}{3}$.

375 Determine a equação de uma reta que é paralela à reta (s) $3x - 4y - 21 = 0$ e determina na circunferência $x^2 + y^2 + 2x - 4y - 20 = 0$ uma corda de comprimento 8.

376 Determine a equação de uma reta que é perpendicular à reta (s) $12x + 5y + 66 = 0$ e determina na circunferência $x^2 + y^2 - 10x - 4y + 17 = 0$ uma corda de comprimento $2\sqrt{3}$.

377 Determine a equação de uma reta que passa por $P(1, 2)$ e determina na circunferência $x^2 + y^2 + 4x - 6y + 2 = 0$ uma corda de comprimento 2.

378 Determine a equação de uma reta que passa por $P(2, 3)$ e determina na circunferência $x^2 + y^2 + 8x - 12y - 29 = 0$ uma corda de comprimento 18.

Resp: **368** $3x - 4y + 1 = 0$ ou $3x - 4y - 59 = 0$ **369** $x - 2y + 17 = 0$ ou $x - 2y - 3 = 0$

370 $3x - 4y + 15 = 0$ ou $3x - 4y - 35 = 0$ **371** $x - 3y + 10 = 0$ **372** $x - 3y - 3 = 0$ ou $x + 3y - 15 = 0$

373 $20x - 21y - 86 = 0$ ou $x + 2 = 0$

379 Determine a equação de uma reta que passa pelo ponto $P(-2, -2)$ e determina na circunferência $x^2 + y^2 - 2x - 6y - 39 = 0$ uma corda de comprimento $8\sqrt{2}$.

380 Determine a equação de uma reta que passa por $P(-1, -3)$ e determina na circunferência $x^2 + y^2 + 6x - 6y + 2 = 0$ uma corda de comprimento $4\sqrt{3}$.

381 Se a distância entre o ponto P(α, β) e a reta (r) $3x - 4y - 7 = 0$ é 2, determine uma relação entre α e β.

382 Determine uma equação que expresse uma relação entre as coordenadas x e y de um ponto genérico (x, y) que dista 4 unidades da reta (r) $5x - 12y - 1 = 0$

Obs: A equação obtida é a equação do lugar geométrico, LG, dos pontos que distam 4 unidades da reta r.

383 Determine uma equação que expresse uma relação entre as coordenadas x e y de um ponto genérico (x, y) que eqüidista das retas (r) $2x - 7y - 5 = 0$ e (s) $2x - 7y + 9 = 0$

Obs: A equação obtida é a equação do lugar geométrico, LG, dos pontos que são eqüidistantes das retas paralelas r e s.

Resp: **374** $4x + 7y + 71 = 0$ ou $4x + 7y - 59 = 0$ ou $8x - y + 107 = 0$ ou $8x - y - 23 = 0$

375 $3x - 4y + 26 = 0$ ou $3x - 4y - 4 = 0$ **376** $5x - 12y - 40 = 0$ ou $5x - 12y + 38 = 0$

377 $3x - y - 1 = 0$ **378** $x + 2y - 8 = 0$

384 Determine a equação do lugar geométrico dos pontos (x, y) que são eqüidistantes das retas
(r) 2x - 3y - 1 = 0   e   (s) 2x + 3y + 5 = 0.

385 Determine as equações das bissetrizes dos ângulos formados pelas retas   (r) 2x - 3y - 1 = 0 e (s) 2x + 3y + 5 = 0.

Obs: Como as semirretas que são bissetrizes dos ângulos formados por duas retas concorrentes são dois pares de semirretas opostas, que determinam duas retas perpendiculares, damos comos resposta as equações dessas duas retas.

386 Determine as equações das bissetrizes dos ângulos formados pelas retas **r** e **s** nos casos:

a) (r) 2x - 4y - 3 = 0   e   (s) 6x - 3y - 7 = 0

b) (r) 2x - 3y - 1 = 0   e   (s) 3x - 2y - 4 = 0

387 Dados $P(-1, 5)$, $(r)\ 4x + 2y - 13 = 0$ e $(s)\ 6x - 3y + 31 = 0$, dizer se a distância entre P e r é maior ou menor que a distância entre P e s.

388 Dados as retas $(r)\ 6x - 4y - 5 = 0$ e $(s)\ 2x - 3y - 3 = 0$, determine a equação das bissetrizes dos ângulos agudos formados por r e s.

389 Dadas as retas $(r)\ x + 2y - 2 = 0$ e $(s)\ 2x + y - 1 = 0$, determine um ponto que eqüidista de r e s e pertence:

a) Ao eixo das abscissas
b) Ao eixo das ordenadas
c) À bissetriz dos quadrantes ímpares
d) À bissetriz dos quadrantes pares

Resp: **379** $x - 4y - 6 = 0$ ou $4x + y + 10 = 0$ **380** $x + 1 = 0$ ou $4x + 3y + 13 = 0$
381 $3\alpha - 4\beta + 3 = 0$ ou $3\alpha - 4\beta - 17 = 0$ ou podemos escrever $(3\alpha - 4\beta + 3)(3\alpha - 4\beta - 17) = 0$. Esta equação é chamada equação do lugar geométrico, LG, dos pontos que distam 2 de r.
382 $5x - 12y - 53 = 0$ ou $5x - 12y + 51 = 0$ **383** $2x - 7y + 2 = 0$

390 Determine a equação de uma reta que passa por P(-4, 1) e determina com as retas (r) 3x - y - 7 = 0 e (s) x - 3y - 5 = 0 um triângulo isósceles.

391 Dados A(-2, 3), B(6, 1) e C(-3, -1), determine a equação da reta que contém a bissetriz interna relativa ao vértice A do triângulo ABC.

392 Os pontos A (2, 3), B (– 5, 2) e C (12, – 7) são vértices de um triângulo ABC. Determine:

a) As equações dos lados (das retas que contêm os lados).
b) A equação da bissetriz (da reta que contém) do ângulo interno relativa ao vértice A.
c) O comprimento da bissetriz interna relativa ao vértice A.

Resp: **384** (x + 1) (y – 1) = 0   **385** (x + 1 = 0 e y – 1 = 0)   **386** a) 6x + 6y – 5 = 0 e 18x – 18y – 23 = 0
b) x + y – 3 = 0 e x – y – 1 = 0   **387** A distância entre P e r é maior que a distância entre P e s
388 10x – 10y – 11 = 0   **389** a) (– 1, 0) e (1, 0)   b) (0, 1)   c) $\left(\frac{1}{2}, \frac{1}{2}\right)$ d) $\left(-\frac{1}{2}, \frac{1}{2}\right)$

393 Determine k de modo que a reta (r) $2x - y + k = 0$ não tenha ponto em comum com a circunferência $x^2 + y^2 + 2x - 4y - 15 = 0$.

394 Determine k de modo que a reta (s) $2x + 3y + k = 0$ seja secante com a circunferência $x^2 + y^2 - 4x + 6y - 39 = 0$.

395 A reta (s) $2x - 5y + 18 = 0$ determina uma corda de comprimento 6 numa circunferência de centro C $(3, -1)$. Determina a equação dessa circunferência.

396 Determine a equação de uma circunferência de raio $\sqrt{5}$ que tangencia a reta (t) $x - 2y - 1 = 0$ no ponto P $(3, 1)$.

Resp: **390** $x - y + 5 = 0$ ou $x + y + 3 = 0$ **391** $5x + 3y + 1 = 0$

392 a) (AB) $x - 7y + 19 = 0$, (AC) $x + y - 5 = 0$, (BC) $9x + 17y + 11 = 0$ b) $3x - y - 3 = 0$ c) $\frac{4}{3}\sqrt{10}$

135

397 Dadas as retas (s) 2x + y − 5 = 0 e (t) 2x + y + 15 = 0 , determine uma circunferência que as tangencia, sendo   P (2, 1) um dos pontos de tangencia.

398 Determine uma circunferência que passa pelo ponto   P (1, 0)   e tangencia as retas (t) 2x + y + 2 = 0   e   2x + y − 18 = 0.

399 Determine a equação de uma circunferência que tem centro na reta (u) $2x + y = 0$ e tangencia as retas (t) $4x - 3y + 10 = 0$ e (s) $4x - 3y - 30 = 0$.

400 Determine uma circunferência que tangencia as retas (t) $7x - y - 5 = 0$ e (s) $x + y + 13 = 0$, sendo $P(1, 2)$ um dos pontos de tangencia.

Resp: **393** k real e $k < -6$ ou $k > 14$ **394** k real e $-21 < k < 31$ $(y - 3)^2$

395 $(x - 3)^2 + (y + 1)^2 = 38$ **396** $(x - 4)^2 + (y + 1)^2 = 5$ ou $(x - 2)^2 + (y - 3)^2 = 5$

401 Determine a equação de uma circunferência que passa pela origem e tangencia as retas
(t) $x + 2y - 9 = 0$ e (s) $2x - y + 2 = 0$.

402 Determine uma circunferência que tangencia as retas $4x - 3y - 10 = 0$, $3x - 4y - 5 = 0$ e $3x - 4y - 15 = 0$.

403 Determine a distância entre o ponto **P** e a reta **r** nos casos:

a) P (–5, 2)   e   (r) 3x – 4y – 12 = 0
b) P (4, –6)   e   (r) 8x – 15y + 31 = 0

404 Determine a distância entre as retas paralelas **r** e **s** nos casos:

a) (r) 3x – 4y – 10 = 0 e (s) 6x – 8y + 5 = 0
b) (r) 5x – 12y + 26 = 0 e (s) 5x – 12y – 13 = 0
c) (r) 4x – 3y + 15 = 0 e (s) 8x – 6y + 25 = 0
d) (r) 24x – 10y + 39 = 0 e (s) 12x – 5y – 26 = 0

405 Determine **k** de modo que a distância entre o ponto P (– 4, 2) e a reta (r) 5x + 12y + k = 0 seja:

a) Igual a 9
b) Menor que 5
c) maior que 3

406 Dadas as retas (r) 3x – 7y – 20 = 0 e (s) 3x – 7y + 2 = 0, determine a equação da reta paralela a ambas, eqüidistante delas.

407 Dada a reta (s) 3x – 4y – 5 = 0, determine a equação de uma reta que é paralela a **s**, distante 6 unidades de **s**.

408 Determine a distância entre o ponto **P** e a circunferência **f**, nos casos:

a) P (6, – 8), (f) $x^2 + y^2 = 9$
b) P (3, 9), (f) $x^2 + y^2 - 26x + 30y + 313 = 0$
c) P (– 7, 2), (f) $x^2 + y^2 - 10x - 14y - 151 = 0$

409 Qual é a posição relativa entre a reta **r** e a circunferência **f** nos casos:

a) (r) 2x – y – 3 = 0   e   (f) $x^2 + y^2 - 3x + 2y - 3 = 0$
b) (r) x – 2y – 1 = 0   e   (f) $x^2 + y^2 - 8x + 2y + 12 = 0$
c) (r) x – y + 10 = 0   e   (f) $x^2 + y^2 - 1 = 0$

410 Determine **k** de modo que a reta (r) 5x – 12y + k = 0 seja:

a) tangente à circunferência $x^2 + y^2 - 6x + 4y - 3 = 0$
b) secante com a circunferência $x^2 + y^2 + 4x - 10y + 4 = 0$
c) externa à circunferência $x^2 + y^2 + 2x - 8y - 32 = 0$

411 Determine a equação da reta que é paralela à reta (s) 7x – y – 27 = 0   e tangencia a circunferência $x^2 + y^2 - 14x + 4y + 45 = 0$

412 Determine a equação da reta que é perpendicular à reta (s) 4x – 2y – 101 = 0 e tangencia a circunferência $x^2 + y^2 - 10x + 4y - 51 = 0$

413 Determine a equação da circunferência de centro C (– 2, 4) que tangencia a reta (t) 2x + 5y + 13 = 0

414 Determine as equações das bissetrizes dos ângulos formados pelas retas **r** e **s** nos casos:

a) (r) x – 3y + 5 = 0   e   (s) 3x – y – 2 = 0
b) (r) x – 2y – 3 = 0   e   (s) 2x + 4y + 7 = 0
c) (r) 3x + 4y – 1 = 0   e   (s) 5x + 12y – 2 = 0

Resp: **397** $(x + 2)^2 + (y + 1)^2 = 20$ **398** $(x - 5)^2 + (y + 2)^2 = 20$ ou $\left(x - \frac{9}{5}\right)^2 + \left(y - \frac{22}{5}\right)^2 = 20$

399 $(x - 1)^2 + (y + 2)^2 = 16$ **400** $(x + 6)^2 + (y - 3)^2 = 50$ ou $(x - 29)^2 + (y + 2)^2 = 800$

415 Determine uma reta que passa por P (2, – 1) e determina com (r) 2x – y + 5 = 0 e (s) 3x + 6y – 1 = 0 um triângulo isósceles.

416 Determine a equação da bissetriz dos ângulos agudos formados pelas retas (r) 3x + 4y – 5 = 0 e (s) 5x – 12y + 3 = 0.

417 Determine a equação da bissetriz dos ângulos obtusos formados pelas retas (r) x – 3y + 5 = 0 e (s) 3x – y + 15 = 0.

418 Dada a equação de um feixe de retas concorretas α (2x + y + 4) + β (x – 2y – 3) = 0, determine uma reta desse feixe que dista $\sqrt{10}$ do ponto P (2, – 3).

419 Dada a equação α (3x + y – 5) + β (x – 2y + 10) = 0, de um feixe de retas concorrentes, determine a reta desse feixe que dista 5 do ponto P (– 1, – 2).

420 Dada a equação α (5x + 2y + 4) + β (x + 9y – 25) = 0, determine uma reta desse feixe que determina com as retas (r) 2x – 3y + 5 = 0 e (s) 12x + 8y – 7 = 0 um triângulo isósceles.

421 Determine a equação de uma circunferência que passa pelos pontos A (3, 1) e B(– 1, 3) e tem o centro na reta 3x – y – 2 = 0.

422 Determine a equação da circunferência que passa pelos pontos A (– 1, 5), B (– 2, – 2) e C (5, 5) sem achar o circuncentro e o raio.

423 Determine a equação de uma circunferência que tem o centro na reta 4x – 5y – 3 = 0 e tangencia as retas 2x – 3y – 10 = 0 e 3x – 2y + 5 = 0.

424 Determine a equação de uma circunferência que passa por P (– 1, 5) e tangencia as retas 3x + 4y – 35 = 0 e 4x + 3y + 14 = 0.

425 Determine as equações das circunferências que tangenciam as retas 3x + 4y – 35 = 0, 3x – 4y – 35 = 0 e x – 1 = 0.

426 Determine a distância entre o centro da circunferência $x^2 + y^2 - 2x = 0$ e a reta que contém a corda comum às circunferências $x^2 + y^2 + 5x - 8y + 1 = 0$ e $x^2 + y^2 - 3x + 7y - 25 = 0$.

427 Determine uma reta que passa por P (1, 6) e tangencia a circunferência $x^2 + y^2 + 2x - 19 = 0$.

428 Determine uma reta do feixe α (3x + 4y – 10) + β (3x – y – 5) = 0 que tangencia a circunferência $x^2 + y^2 + 2x - 4y = 0$.

429 Determine o ângulo formado pelas retas que passam por P (4, 2) e tangenciam a circunferência $x^2 + y^2 = 10$.

Resp:

401 $(x - 2)^2 + (y - 1)^2 = 5$ ou $\left(x - \frac{22}{5}\right)^2 + \left(y + \frac{31}{5}\right)^2 = \frac{289}{5}$

402 $\left(x + \frac{10}{7}\right)^2 + \left(y + \frac{25}{7}\right)^2 = 1$ ou $\left(x - \frac{30}{7}\right)^2 + \left(y - \frac{5}{7}\right)^2 = 1$ **403** a) 7   b) 9   **404** a) $\frac{5}{2}$ b) 3   c) $\frac{1}{2}$ d) $\frac{7}{2}$

405 a) k = 113 ou k = – 121   b) k real e – 69 < k < 61   c) k real e k < – 43 ou k > 35

406 $3x - 7y - 9 = 0$ **407** $3x - 4y - 35 = 0$ ou $3x - 4y + 25 = 0$ **408** a) 7   b) 17   c) 2

409
 a) r e f são secantes   b) r e f são tangentes   c) r é exterior a f

410 a) k = – 91 ou k = 13 b) k real e 5 < k < 135 c) k real e k < – 38 ou k > 144

411 $7x - y - 71 = 0$ ou $7x - y - 31 = 0$ **412** $x + 2y - 21 = 0$ ou $x + 2y + 19 = 0$

413 $x^2 + y^2 + 4x - 8y - 9 = 0$ **414** a) $4x - 4y + 3 = 0$ e $2x + 2y - 7 = 0$
 b) $4x + 1 = 0$ e $8y + 13 = 0$ c) $14x - 8y - 3 = 0$ e $64x + 112y - 23 = 0$

415 $x - 3y - 5 = 0$ ou $3x + y - 5 = 0$ **416** $7x + 56y - 40 = 0$

417 $x + y + 5 = 0$ **418** $3x - y + 1 = 0$ **419** $3x - 4y + 20 = 0$ ou $4x + 3y - 15 = 0$

420 $x + 5y - 13 = 0$ ou $5x - y + 13 = 0$ **421** $(x - 2)^2 + (y - 4)^2 = 10$

422 $(x - 2)^2 + (y - 1)^2 = 25$ **423** $(x - 2)^2 + (y - 1)^2 = \frac{81}{13}$ ou $(x + 8)^2 + (y + 7)^2 = \frac{25}{13}$

424 $(x - 2)^2 + (y - 1)^2 = 25$ ou $(x + \frac{202}{49})^2 + (y - \frac{349}{49})^2 = \frac{185}{49}$

425 $(x - 5)^2 + y^2 = 16$, $(x + 15)^2 + y^2 = 256$, $\left(x - \frac{35}{3}\right)^2 + \left(y - \frac{40}{3}\right)^2 = \left(\frac{32}{3}\right)^2$ e $\left(x - \frac{35}{3}\right)^2 + \left(y + \frac{40}{3}\right)^2 = \left(\frac{32}{3}\right)^2$

426 2   **427** $2x + y - 8 = 0$ ou $x - 2y + 11 = 0$ **428** $2x + y - 5 = 0$ ou $x - 2y = 0$ **429** 90°

141

III POLINÔMIOS

Introdução

Basicamente pode-se dizer que polinômios são expressões formadas por adições de certos termos. Esses termos são o produto de um número por uma variável. Assim, são exemplos de polinômios:

$$x^3 - 5x^2 - 12x + 8 \quad \text{e} \quad 6x^2 - 12x + 1$$

Repare que, algebricamente, os polinômios envolvem apenas operações de adição, subtração e multiplicação. Isso é uma vantagem, pois essas são as operações mais elementares da Matemática.

E qual a utilidade dos polinômios?

Várias. Entre elas pode-se citar a aproximação de funções mais complexas por um polinômio; formular leis que exprimem a interdependência entre duas variáveis, como é o caso das fórmulas para o espaço e para o tempo nos movimentos retilíneos uniformes e uniformemente variados da Física, interpolação polinomial (exemplo abaixo), etc.

Imagine que você realizou um experimento e, para cada **x**, obteve um único correspondente **y** e depois assinalou os quatro pontos correspondentes no plano mostrado na Figura 1.

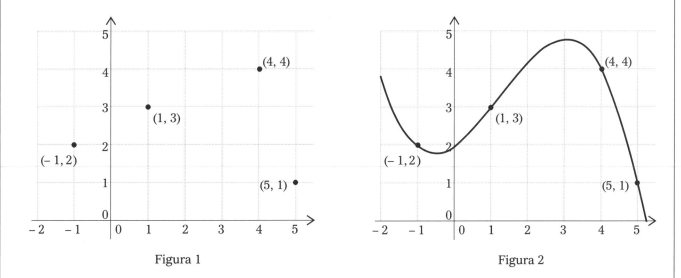

Figura 1   Figura 2

É possível obter um polinômio que fornece, para aqueles "**x**", o correspondente "**y**". No caso, o polinômio é $f(x) = -0{,}13x^3 + 0{,}5x^2 + 0{,}63x + 2$, cujo gráfico é mostrado na Figura 2. Em geral, dados **n + 1** pontos não alinhados, sempre existe um polinômio de grau **n**, cujo gráfico passa por esses pontos.

Veremos adiante a definição do que é um polinômio e das partes que o compõem.

1 – Definições e conceitos iniciais

Definição: Chama-se **polinômio na variável** x toda expressão redutível à forma

$$P(x) = a_n x^n + a_{n-1} x^{n-1} + a_{n-2} x^{n-2} + \cdots + a_2 x^2 + a_1 x + a_0 \quad \text{em que:}$$

- n: é um número **inteiro não negativo**;

- $a_n, a_{n-1}, a_{n-2}, \ldots a_2, a_1$ e a_0: são constantes complexas, chamadas de **coeficientes** do polinômio.

- $a_n x^n, a_{n-1} x^{n-1}, a_{n-2} x^{n-2}, \cdots a_1 x$ e a_0 são chamados de **termos** do polinômio P(x).

- Se $a_n \neq 0$, então o **grau** de P(x) é **n**.

- Se $a_n \neq 0$, então a_n é chamado de **coeficiente dominante** do polinômio.

- a_0 é chamado de **termo independente** do polinômio.

Exemplo 1: Dado o polinômio $P(x) = 3x^4 - 4x^2 + 5x - 2$, temos:

- Coeficientes de P(x): 3, – 4, 5 e – 2.

- Termos: $3x^4, -4x^2, 5x$ e – 2.

- Grau de P(x) = 4. Escreve-se gr(P) = 4.

- Coeficiente dominante: 3 .

- Termo independente: – 2 .

Valor numérico

Definição: Chama-se **valor numérico** do polinômio P(x) em **a** ao número que se obtém substituindo-se, na expressão do polinômio, todos os "**x**" por "**a**" e efetuando-se as operações indicadas.

Exemplo 2: Seja $P(x) = 4x^2 - x - 11$. O valor numérico desse polinômio em x = 3 é

$P(3) = 4(3)^2 - 3 - 11$, isto é, $P(3) = 4 \cdot 9 - 3 - 11$, ou seja, $P(3) = 22$.

Raiz (ou zero) de um polinômio

Definição: Se o **valor numérico** de um polinômio P(x) em x = **a** for igual a zero, então dizemos que "a" é uma **raiz** (ou "a" é um **zero**) do polinômio P(x).

Exemplo 3: Seja $P(x) = x^2 - 3x$. Temos:

$P(3) = 3^2 - 3 \cdot 3 = 9 - 9 = 0 \therefore$ 3 é raiz de P(x).

$P(0) = 0^2 - 3 \cdot 0 = 0 - 0 = 0 \therefore$ 0 é raiz de P(x).

P(1) e P(0)

Seja $P(x) = 6x^5 - 4x^3 + x^2 + 7$. Veja o que os valores numéricos em x = 1 e em x = 0 fornecem:

$P(1) = 6 \cdot 1^5 - 4 \cdot 1^3 + 1^2 + 7 = 6 - 4 + 1 + 7$ (Soma dos coeficientes) $\therefore \quad P(1) = 10$

$P(0) = 6 \cdot 0^5 - 4 \cdot 0^3 + 0^2 + 7 = 0 - 0 + 0 + 7$ (Termo independente) $\therefore \quad P(0) = 7$

> Para qualquer polinômio: P(1) é a soma dos coeficientes de P(x) .
>
> P(0) é o termo independente de P(x) .

Exemplo 4: Dado o polinômio $P(x) = 4x^3 - 12x^2 + \sqrt{3}x - \pi$, escreva:

a) seus coeficientes b) seus termos c) seu grau

d) seu coeficiente dominante e) seu termo independente.

Solução: Sendo $P(x) = 4x^3 - 12x^2 + \sqrt{3}x - \pi$, tem-se:

a) coeficientes: $4, -12, \sqrt{3}$ e $-\pi$ b) termos: $4x^3, -12x^2, \sqrt{3}x$ e $-\pi$

c) $gr(P) = 3$. d) 4. e) $-\pi$.

Exemplo 5: Dado o polinômio $P(x) = 3x^2 - 2x + 1$, calcule:

a) $P(0)$ b) $P(1)$ c) $P(i)$ d) $P(1-i)$

Solução: Sendo $P(x) = 3x^2 - 2x + 1$, tem-se:

a) $P(0) = 3 \cdot 0^2 - 2 \cdot 0 + 1 = 1$ (note que $P(0)$ é sempre igual ao termo independente).

b) $P(1) = 3 \cdot 1^2 - 2 \cdot 1 + 1 = 3 - 2 + 1 = 2$ (Note: $P(1)$ é a soma dos coeficientes do polinômio).

c) $P(i) = 3 \cdot i^2 - 2 \cdot i + 1 = -3 - 2i + 1 = -2 - 2i$.

d) $P(1-i) = 3 \cdot (1-i)^2 - 2(1-i) + 1 = 3 \cdot (-2i) - 2 + 2i + 1 = -1 - 4i$.

Exemplo 6: Calcule a soma dos coeficientes do polinômio $P(x) = (5x^3 - 3x^2 - 1)^3 + 2x + 1$.

Solução: Para calcular a soma dos coeficientes de $P(x) = (5x^3 - 3x^2 - 1)^3 + 2x + 1$ não é necessário desenvolvê-lo. Deve-se apenas calcular $P(1)$. Então tem-se:

Soma dos coeficientes de $P(x) = (5x^3 - 3x^2 - 1)^3 + 2x + 1$ é igual a

$P(1) = (5 - 3 - 1)^3 + 2 + 1 = 1 + 2 + 1 = 4$

Exemplo 7: Sendo $P(x) = x^3 + x^6 + x^9$, calcule $P\left(\frac{\sqrt{3}}{2} + \frac{1}{2} \cdot i\right)$.

Solução: Façamos a conversão de $\frac{\sqrt{3}}{2} + \frac{1}{2} \cdot i$ para a forma trigonométrica:

$\frac{\sqrt{3}}{2} + \frac{1}{2} \cdot i = \cos 30° + i \cdot \sin 30°$. Então tem-se: $P\left(\frac{\sqrt{3}}{2} + \frac{1}{2} \cdot i\right) = P(\cos 30° + i \cdot \sin 30°)$. Isto é:

$P(\cos 30° + i \cdot \sin 30°) = (\cos 30° + i \cdot \sin 30°)^3 + (\cos 30° + i \cdot \sin 30°)^6 + (\cos 30° + i \cdot \sin 30°)^9$

Portanto, aplicando a fórmula para potenciação de complexos na forma trigonométrica:

$P(\cos 30° + i \cdot \sin 30°) = (\cos(3 \cdot 30°) + i \cdot \sin(3 \cdot 30°)) + (\cos(6 \cdot 30°) + i \cdot \sin(6 \cdot 30°)) +$
$+ (\cos(9 \cdot 30°) + i \cdot \sin(9 \cdot 30°))$

$P(\cos 30° + i \cdot \sin 30°) = (\cos(90°) + i \cdot \sin(90°)) + (\cos(180°) + i \cdot \sin(180°)) +$
$+ (\cos(270°) + i \cdot \sin(270°))$

$P(\cos 30° + i \cdot \sin 30°) = (0 + i \cdot 1) + (-1 + i \cdot 0) + (0 + i \cdot (-1))$

$P(\cos 30° + i \cdot \sin 30°) = (i) + (-1) + (-i)$

$P(\cos 30° + i \cdot \sin 30°) = -1$

Exemplo 8: Dado o polinômio $P(x) = \sum_{k=0}^{k=4} (k-1)x^k$, pede-se:

a) escreva P(x) na forma expandida. b) determine seu termo independente.

c) seu coeficiente dominante d) P(– 2)

Solução:

a) Usando a definição de somatório, tem-se:

$P(x) = \sum_{k=0}^{k=4} (k-1)x^k = (0-1)x^0 + (1-1)x^1 + (2-1)x^2 + (3-1)x^3 + (4-1)x^4$, ou ainda:
$P(x) = -1 + x^2 + 2x^3 + 3x^4$.

b) O termo independente de $P(x) = -1 + x^2 + 2x^3 + 3x^4$ é – 1.

c) O coeficiente dominante de $P(x) = -1 + x^2 + 2x^3 + 3x^4$ é 3.

d) $P(-2) = -1 + (-2)^2 + 2 \cdot (-2)^3 + 3 \cdot (-2)^4$, isto é, $P(-2) = -1 + 4 - 16 + 48 = 35$.

Resposta: a) $P(x) = -1 + x^2 + 2x^3 + 3x^4$ b) – 1 c) 3 d) 35.

Exemplo 9: Discuta, em função de k, o grau do polinômio.

$P(x) = (k^2 - k - 2)x^3 + (k^2 - 1)x^2 + (k^2 - 3k + 2)x + (k^2 + 3k + 2)$.

Solução:
Tem-se que $P(x) = (k-2)(k+1)x^3 + (k+1)(k-1)x^2 + (k-1)(k-2)x + (k+2)(k+1)$.
Portanto:

$k \neq 2$ e $k \neq -1 \Rightarrow P(x)$ é de grau 3.

$k = 2 \Rightarrow P(x) = 3x^2 + 12$. Logo, $k = 2 \Rightarrow P(x)$ é de grau 2.

$k = -1 \Rightarrow P(x) = 6x$. Logo, $k = -1 \Rightarrow P(x)$ é de grau 1.

Resposta: se $k \neq 2$ e $k \neq -1$, então gr(P) = 3. Se $k = 2$, então gr(P) = 2. Se $k = -1$, gr(P) = 1.

Exemplo 10: Determine P(x), sabendo que $P(2x - 1) = 4x^2 + 2$.

Solução: Fazendo $2x - 1 = a$, tem-se que $x = \dfrac{a+1}{2}$. Logo, se $P(2x-1) = 4x^2 + 2$, então:

$P(a) = 4\left(\dfrac{a+1}{2}\right)^2 + 2 \Leftrightarrow P(a) = 4 \cdot \dfrac{a^2 + 2a + 1}{4} + 2 \Leftrightarrow P(a) = a^2 + 2a + 3 \Leftrightarrow P(x) = x^2 + 2x + 3$

Exemplo 11: Determine Q(x), sabendo que $P(x) = 2x^2 + 3x + 1$ e $P(Q(x)) = 2x^2 - 9x + 10$.

Solução: Pelo enunciado temos $P(Q) = 2x^2 - 9x + 10$. Logo: $2Q^2 + 3Q + 1 = 2x^2 - 9x + 10$, isto é: $2Q^2 + 3Q - 2x^2 + 9x - 9 = 0$ (equação literal do 2º grau na incógnita Q)

$\Delta = 3^2 - 4 \cdot 2 \cdot (-2x^2 + 9x - 9) \Rightarrow \Delta = 16x^2 - 72x + 81 \Rightarrow \Delta = (4x-9)^2$

$Q = \dfrac{-3 \pm (4x-9)}{4} \Rightarrow (Q(x) = x - 3)$ ou $\left(Q(x) = -x + \dfrac{3}{2}\right)$

Resposta: $Q(x) = x - 3$ ou $Q(x) = -x + \dfrac{3}{2}$.

430 Reveja as definições da página anterior e verifique se você assimilou bem os seguintes conceitos: polinômio – coeficiente – termo – grau – coeficiente dominante – termo independente – valor numérico – raiz.

---

431 Assinale **S** (Sim) se P(x) for um polinômio na variável **x** e **N** (Não), caso contrário.

a) $P(x) = x^3 - 3x^2 + 6$ (   )

b) $P(x) = 0x^3 + 0x^2 + 0x + 0$ (   )

c) $P(x) = \frac{1}{2}x^2 - 8x + 1$ (   )

d) $P(x) = (\sqrt{x})^4 + 5x + 8$ (   )

e) $P(x) = 34\cos^2 x + 1$ (   )

f) $P(x) = 0x^3 - 2x^2 + 1$ (   )

g) $P(x) = 5x + 3\sqrt{x} + 1$ (   )

h) $P(x) = (\sqrt{x})^2 - 2x + 3$ (   )

i) $P(x) = (2x + 1)(3 - x)$ (   )

j) $P(x) = (3i)x^2 + \left(\operatorname{sen}\frac{\pi}{6}\right)x^3$ (   )

---

432 Dado o polinômio $P(x) = \sqrt{2}x^4 - 12x^3 + \pi x^2 + i$, escreva:

a) qual é o seu grau: _____

b) quais são seus coeficientes: _____

c) quais são seus termos: _____

d) qual é o seu coeficiente dominante: _____

e) qual é o seu termo independente: _____

---

433 Considere o polinômio $P(x) = x^2 - 3x - 4$. Calcule:

a) P(0)

b) P(1)

c) P(–1)

d) P(2)

e) P(4)

f) P(i)

g) P(–i)

h) P(1 + i)

434 Considere o polinômio f(x) = 2x – 4. Calcule:

a) f(1 – i)

b) f(f(x))

c) f(f(x) + 1)

435 Sendo P(x) = $x^2 - 3x + 2$, calcule

a) P(– x)

b) P(x + 1)

c) P(1) · P(x^3)

436 Dado o polinômio P(x) = $(4x^2 + 5x^3 - 8x + 1)^{10}$, calcule:

a) a soma dos seus coeficientes

b) o seu termo independente

437 Sendo P(x) = $x^2 + x^4 + x^6$, calcule $P\left(\dfrac{\sqrt{2}}{2} + \dfrac{i\sqrt{2}}{2}\right)$.

438 Calcule a soma dos coeficientes do polinômio $P(x) = (3x^4 - 2x^3 + 1)^3 + 3x^2 - 2$.

439 Calcule qual é o termo independente do polinômio $P(x) = \sum_{k=0}^{k=4}(k+1)x^k$.

440 Fatore as seguintes expressões:

a) $k^2 + k - 6$

b) $k^2 - 9$

c) $k^2 - 6k + 8$

441 Discuta o grau do polinômio $P(x) = (k^2 + k - 6)x^2 + (k^2 - 9)x + (k^2 - 6k + 8)$, para $k \in \mathbb{C}$.

442 Sendo $P(x) = x^2 + 1$ e $Q(x) = 2x^3 - 1$, determine:

a) $P[Q(x)]$

b) o grau de $P[Q(x)]$

Resp: **430** Rever definições **431** São polinômios: a, b, c, d, f, i, j. Não são polinômios: e, g, h. Note que h será um função definida por duas sentenças. **432** a) 4 b) $\sqrt{2} - 12, \pi, i$ c) $\sqrt{2}x^4, -12x^3, \pi x^2, i$ d) $\sqrt{2}$ e) i

433 a) -4 b) -6 c) 0 d) -6 e) 0 f) $-5 - 3i$ g) $-5 + 3i$ h) $-7 - i$

443 Escreva o polinômio P(x) do primeiro grau, tal que $P(1) = -1$ e $P(2) = 1$.

444 Escreva o polinômio P(x) do primeiro grau, tal que $P(i) = 4i$ e $P(2i) = 6i$.

445 Determine o polinômio f(x) do primeiro grau, cujo gráfico no plano cartesiano passa pelos pontos $(2, 0)$ e $(0, 3)$.

446 (FUVEST – 77) Determine o polinômio P(x) do primeiro grau, de coeficientes complexos, tal que $P(1) = 1 + i$, sabendo que $1 + i$ é raiz desse polinômio.

447 Lembrando: α é raiz de $P(x) \Leftrightarrow P(\alpha) = 0$

Verifique em cada item se os números $\alpha_1, \alpha_2, \alpha_3, \alpha_4, \cdots$ são ou não raízes dos polinômios indicados.

a) $P(x) = x^2 - 7x + 10$
- $\alpha_1 = 2 \Rightarrow P(2) = $ _____
- $\alpha_2 = 5 \Rightarrow P(5) = $ _____
- $\alpha_3 = -1 \Rightarrow P(-1) = $ _____

b) $P(x) = x^2 - 1$
- $\alpha_1 = 1 \Rightarrow P(1) = $ _____
- $\alpha_2 = -1 \Rightarrow P(-1) = $ _____
- $\alpha_3 = i \Rightarrow P(i) = $ _____

c) $P(x) = x^2 + 9$
- $\alpha_1 = 3 \Rightarrow P(3) = $ _____
- $\alpha_2 = -3 \Rightarrow P(-3) = $ _____
- $\alpha_3 = 3i \Rightarrow P(3i) = $ _____
- $\alpha_4 = -3i \Rightarrow P(-3i) = $ _____

448 Sendo **m** e **n** são números reais tais que $2 + i$ se torna raiz de $P(x) = x^2 - 2x + m + ni$, então qual é o valor de $|m - n|^2$?

449 Tal como no exemplo do item "a", discrimine para cada polinômio dos demais itens quais são suas raízes $((\alpha_1, \alpha_2, \alpha_3 \cdots)$

a) $P(x) = (x - 3)(x - 2)(x + 1)$ $\alpha_1 = 3$, $\alpha_2 = 2$, $\alpha_3 = -1$

b) $P(x) = (x + 5)(x + 2)$ $\alpha_1 =$ $\alpha_2 =$

c) $P(x) = (2x + 1)(6 + 2x)$ $\alpha_1 =$ $\alpha_2 =$

d) $P(x) = (x - i)(x + 2i)(x - 7)$ $\alpha_1 =$ $\alpha_2 =$ $\alpha_3 =$

e) $P(x) = (x - 1 - i)(x + 5)$ $\alpha_1 =$ $\alpha_2 =$

f) $P(x) = (2i - x)(5 + 2x)(x + 2 + i)$ $\alpha_1 =$ $\alpha_2 =$ $\alpha_3 =$

g) $P(x) = (x - 1)^2(x + 2)$ $\alpha_1 =$ $\alpha_2 =$ $\alpha_3 =$

450 Fatore os polinômios em cada item e escreva suas raízes.

a) $P(x) = x^2 - 5x + 6$
    $P(x) = ($ $)($ $)$
    Raízes: $\alpha_1 =$ $\alpha_2 =$

b) $P(x) = x^2 - 9x + 20$
    $P(x) = ($ $)($ $)$
    Raízes: $\alpha_1 =$ $\alpha_2 =$

c) $P(x) = x^2 + 5x - 14$
    $P(x) = ($ $)($ $)$
    Raízes: $\alpha_1 =$ $\alpha_2 =$

d) $P(x) = x^2 - 5x - 24$
    $P(x) = ($ $)($ $)$
    Raízes: $\alpha_1 =$ $\alpha_2 =$

e) $P(x) = x^2 - 10x - 24$
    $P(x) = ($ $)($ $)$
    Raízes: $\alpha_1 =$ $\alpha_2 =$

f) $P(x) = x^2 + 10x + 24$
    $P(x) = ($ $)($ $)$
    Raízes: $\alpha_1 =$ $\alpha_2 =$

g) $P(x) = x^2 + 10x - 24$
    $P(x) = ($ $)($ $)$
    Raízes: $\alpha_1 =$ $\alpha_2 =$

h) $P(x) = 3x^2 - 21x - 24$
    $P(x) = 3($ $)$
    $P(x) = ($ $)($ $)$
    Raízes: $\alpha_1 =$ $\alpha_2 =$

Resp: **434** a) $-2 - 2i$ b) $4x - 12$ c) $4x - 10$ **435** a) $x^2 + 3x + 2$ b) $x^2 - x$ c) 0
436 a) 1024   b) 1   **437** -1 **438** 9   **439** 1   **440** a) $(k + 3)(k - 2)$
b) $(k + 3)(k - 3)$ c) $(k - 2)(k - 4)$ **441** $(k \neq -3$ e $k \neq 2 \Rightarrow gr(P) = 2); (k = -3 \Rightarrow gr(P) = 0); (k = 2 \Rightarrow gr(P) = 1)$
442 a) $4x^6 - 4x^3 + 2$ b) 6

451 Determine o polinômio P(x), sabendo que $P(2x + 3) = 4x^2 - 6x + 7$.

452 Determine P(x), sabendo que $P(3x + 1) = 9x^2 + 15x - 6$.

453 Determine Q(x), sabendo que $P(x) = 3x + 2$ e que $P[Q(x)] = 3x^2 - 1$.

454 Determine Q(x), dados $P(x) = x^2 + 2x - 1$ e $P[Q(x)] = x^2 + 6x + 7$.

455 A figura mostra o gráfico do polinômio P(x). Quantas soluções existem para a equação P(x) = 3?

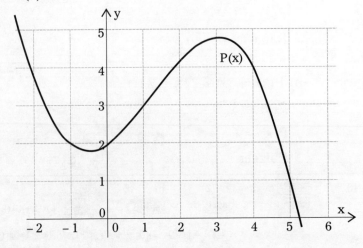

2 – Polinômio nulo e igualdade de Polinômios

2.1 Polinômio nulo

Definição: P(x) é um polinômio nulo se seu valor numérico em **a** é igual a zero, para todo $a \in \mathbb{C}$.

$$P(x) = 0 \Leftrightarrow P(a) = 0, \quad \text{para todo } a \in \mathbb{C}$$

Teorema 1. (quando um polinômio é nulo)

Um polinômio é nulo se, e somente se, todos os seus coeficientes são iguais a zero.

Se $P(x) = a_n x^n + a_{n-1} x^{n-1} + a_{n-2} x^{n-2} + \cdots + a_2 x^2 + a_1 x + a_0$,

então $P(x) = 0 \Leftrightarrow a_n = a_{n-1} = a_{n-2} = \cdots = a_2 = a_1 = a_0 = 0$.

2.2 Polinômios iguais (ou polinômios idênticos)

Definição: Dois polinômios P(x) e Q(x) são iguais (ou idênticos), se seus valores numéricos em **a**, são iguais, para todo $a \in \mathbb{C}$.

$$P(x) = Q(x) \Leftrightarrow P(a) = Q(a), \quad \text{para todo } a \in \mathbb{C}$$

Teorema 2. (quando dois polinômios são iguais)

Dois polinômios são iguais se, e somente se, os coeficientes dos termos de mesmo grau são iguais.

Sejam $P(x) = a_n x^n + a_{n-1} x^{n-1} + \cdots + a_1 x + a_0$ e $Q(x) = b_n x^n + b_{n-1} x^{n-1} + \cdots + b_2 x^2 + b_1 x + b_0$.

Então: $P(x) = Q(x) \Leftrightarrow a_n = b_n, a_{n-1} = b_{n-1}, \cdots, a_2 = b_2, a_1 = b_1, a_0 = b_0$

Observações

1. Está implícito, pela definição e pelo teorema acima, que dois polinômios somente poderão ser idênticos se tiverem o mesmo grau.

2. A notação para polinômios idênticos pode ser "≡". Assim, quando você se deparar com $P(x) \equiv Q(x)$, pode ler "o polinômio P(x) é idêntico ao polinômio Q(x)".

3. $P(x) \equiv 0$, pode ser lido "o polinômio P(x) é identicamente nulo".

Resp: **443** $P(x) = 2x - 3$ **444** $P(x) = 2x + 2i$ **445** $P(x) = \frac{-3x}{2} + 3$ **446** $P(x) = (i-1)x + 2$

447 a) $P(2) = 0$; $P(5) = 0$; $P(-1) = 18$ b) $P(1) = 0$; $P(-1) = 0$; $P(i) = -2$ c) $P(3) = 18$; $P(-3) = 18$; $P(3i) = 0$; $P(-3i) = 0$

448 9 **449** b) $\alpha_1 = -5, \alpha_2 = -2$ c) $\alpha_1 = -\frac{1}{2}, \alpha_2 = -3$ d) $\alpha_1 = i, \alpha_2 = -2i, \alpha_3 = 7$ e) $\alpha_1 = 1 + i, \alpha_2 = -5$
f) $\alpha_1 = 2i, \alpha_2 = -\frac{5}{2}, \alpha_3 = -2 - i$ g) $\alpha_1 = 1, \alpha_2 = -1, \alpha_3 = -2$ **450** a) $P(x) = (x-2)(x-3)$; $\alpha_1 = 2; \alpha_2 = 3$
b) $P(x) = (x-4)(x-5)$; $\alpha_1 = 4; \alpha_2 = 5$ c) $P(x) = (x-2)(x+7)$; $\alpha_1 = 2; \alpha_2 = -7$ d) $P(x) = (x-8)(x+3)$; $\alpha_1 = 8; \alpha_2 = -3$
e) $P(x) = (x-12)(x+2)$; $\alpha_1 = 12; \alpha_2 = -2$ f) $P(x) = (x+6)(x+4)$; $\alpha_1 = -6; \alpha_2 = -4$ g) $P(x) = (x+12)(x-2)$; $\alpha_1 = -12; \alpha_2 = 2$
h) $P(x) = 3(x+1)(x-8)$; $\alpha_1 = -1; \alpha_2 = 8$

456 Determine os valores dos parâmetros **a, b** e **c** para que o polinômio

$P(x) = (a^2 - 2)x^3 + (12 - 3b)x + (5c - 15)$ seja identicamente nulo.

457 Os parâmetros positivos **m** e **n** são tais que $(m + n - 7)x^2 + (mn - 10)x \equiv 0$. Calcule o valor de m^n.

458 Determine os valores dos parâmetros **a, b** e **c** para que o polinômio

$P(x) = (a + b - 4)x^2 + (a + c - 18)x + (b + c - 2)$ seja nulo.

459 Se o polinômio $P(x) = (r + s - 3)x^2 + (3r - s - 1)x + r - 2s + 3$ é identicamente nulo, quais os valores dos parâmetros **r** e **s**?

460 (PUC – RS) Em relação aos polinômios $P(x) = ax^2 + bx + c$ e $Q(x) = dx^2 + ex + f$, considerando que $P(1) = Q(1)$, $P(0) = Q(0)$, concluímos que $(a + b) - (d + e)$ vale:

a) 0 b) 1 c) 2 d) a + b e) d + e

461 (PUC – MG) A igualdade $uv - 2v + 5u - 10 = 0$ é verdadeira qualquer que seja o valor de **v**. Então o valor de **u**, necessariamente, é:

a) – 5 b) – 2 c) 2 d) 5

462 (FGV – 71 / FGV – 93) Se **m** e **n** são tais que o polinômio

$P(x) = (mn - 2)x^3 + (m^2 - n^2 - 3)x^2 + (m + n - 3)x + 2m - 5n + 1$ é identicamente nulo, então $m^2 + n^2$ vale:

a) 1 b) 5 c) 4 d) 2 e) n.d.a.

Resp: **451** $P(x) = x^2 - 9x + 25$ **452** $P(x) = x^2 + 3x - 10$ **453** $Q(x) = x^2 - 1$
454 $Q(x) = x + 2$ ou $Q(x) = -x - 4$ **455** 3

463 (PUC-MG – 92) Se o polinômio $P(x) = (2m + 3n - p)x^2 + (m + 2n - 5p)x + (p - 2)$ é identicamente nulo, a soma $n + n + p$ é igual a:

a) – 3   b) – 6   c) 8   d) 5   e) 0

464 Determine os valores dos parâmetros **a, b, c, d** para que sejam idênticos os polinômios $S(x)$ e $T(x)$ em cada caso:

a) $S(x) = ax^3 + (b - 3)x^2 + (2c - 1)x + 3 - 5d$ $T(x) = (3 - b)x^2 + 9x + 18$

b) $S(x) = (3a - 2b)x^2 + (2a + b)x + 3$ $T(x) = 19x^2 + 8x + a + b$

c) $S(x) = a(x + 1)(x - 2) + b(b - 5)(x + 1) + c(x + 2)(x - 2)$ $T(x) = x^2 - 2x$

465 (PUC–SP–72) Os valores de (m, n, p) para que a expressão $\dfrac{(m-1)x^3+(n-2)x^2+(p-3)x+8}{2x^2+3x+4}$ seja independente de **x** são:

a) (1, 5, 2) b) (1, 6, 9) c) (1, 5, 4) d) (1, 4, 6) e) (1, 2, 6)

---

466 (FUVEST – 85) Um polinômio $P(x) = x^3 + ax^2 + bx + c$ satisfaz às seguintes condições: $P(1) = 0$ e $P(-x) + P(x) = 0$, qualquer que seja **x** real. Qual o valor de $P(2)$?

a) 2 b) 3 c) 4 d) 5 e) 6

Resp: **456** $a = \pm\sqrt{2}$; $b = 4$; $c = 3$ **457** 25 ou 32. **458** $a = 10$; $b = -6$; $c = 8$ **459** $r = 1$; $s = 2$.
460 A **461** C **462** B

467 (UFCE) Se a identidade $\dfrac{3x+2}{x^2-4} = \dfrac{a}{x-2} + \dfrac{b}{x+2}$ é verdadeira para todo número real x diferente de 2 e −2, então os valores de **a** e **b** são, respectivamente:

a) 1 e −1   b) 2 e −1   c) 2 e 1   d) 3 e 2   e) 3 e 3

468 (UNIFESP) Se $\dfrac{x}{x^2-3x+2} = \dfrac{a}{x-1} + \dfrac{b}{x-2}$ é verdadeira para todo x real, $x \neq 1, x \neq 2$, então o valor de a · b é:

a) −4   b) −3   c) −2   d) 2   e) 6

469 (UFPE) Sabendo que $\dfrac{x^2-2x+4}{x^3+x^2-2x} = \dfrac{A}{x} + \dfrac{B}{x+2} + \dfrac{C}{x-1}$, calcule A + B + 2C.

470 (ITA – 2007) Sendo c um número real a ser determinado, decomponha o polinômio $9x^2 - 63x + c$ numa diferença de dois cubos $(x + a)^3 - (x + b)^3$. Nesse caso, $|a + |b| - c|$ é igual a:

a) 104   b) 114   c) 124   d) 134   e) 144

471 (CEFET – MG) Se $f(x) = 2x + 1$, $g(x) = x^2$ e $h(x) = x - 2$, a igualdade $(g \circ f \circ h)(x) = (h \circ g)(x)$ é verdadeira para

a) nenhum valor real de x.

b) valores de x irracionais com soma igual a 12.

c) valores de x irracionais com soma igual a 4.

d) valores de x racionais com produto igual a $\frac{7}{3}$.

e) valores de x racionais com produto igual a $\frac{11}{3}$.

472 (UCDB – MS) Se o polinômio $Q(x) = (ax + b)(x + 3) + (x - 3)^2$ é idêntico a $P(x) = 3x^2 + x + 4$, então $a + b + c$ é igual a

a) 7   b) 8   c) 9   d) 10   e) 11

Resp: **463** B   **464** a) $a = 0, b = 3, c = 5, d = -3$ b) $a = 5, b = -2$ c) $a = 2, b = 0, c = -1$ **465** B   **466** E

473 (UEL – PR) O valor de k para que o polinômio $P(x) = kx^2 + kx + 1$ satisfaça a sentença $P(x) - x = P(x-1)$ é:

a) $-\dfrac{1}{2}$
b) 0
c) $\dfrac{1}{2}$
d) 1
e) $\dfrac{3}{2}$

474 (UFMG) Considere os polinômios $P(x) = ax^3 + (2a - 3b)x^2 + (a + b + 4c)x - 4bcd$ e $Q(x) = 6x^2 + 18x + 5$, em que **a, b, c** e **d** são números reais. Sabe-se que $P(x) = Q(x)$, para todo $x \in \mathbb{R}$. Assim sendo, o número **d** é igual a

a) $\dfrac{1}{8}$
b) $\dfrac{2}{3}$
c) $\dfrac{4}{5}$
d) 3
e) 1

475 CEFET – MG) Se $\dfrac{x+3}{x^2-1} = \dfrac{A}{x+1} + \dfrac{B}{x-1}$, então **A** e **B** são números:

a) iguais.
b) opostos.
c) inteiros.
d) negativos.
e) fracionários.

476 (UFMG) Sejam **A** e **B** números reais que satisfazem à igualdade da expressão $\frac{1}{(x+2)(2x+1)} = \frac{A}{x+2} + \frac{B}{2x+1}$, para todo valor de **x** que não anula nenhum dos denominadores. A soma A + B é

a) –1   b) $-\frac{1}{3}$ c) 0   d) $\frac{1}{3}$ e) $\frac{3}{2}$

3 – Grau de um Polinômio

Seja $P(x) = a_n x^n + a_{n-1} b^{n-1} + \cdots + a_2 x^2 + a_1 x^1 + a_0$ um polinômio não nulo.

Definição: Chama-se grau de $P(x)$ o maior inteiro não nulo **n** tal que $a_n \neq 0$.

Indica-se por gr(P) (lê-se "grau de P")

Exemplo 4:

Polinômio	Grau de P(x)
$P(x) = 4x^2 - 3x + 1$	gr(P) = 2
$P(x) = 0x^3 - x^2 + 2x + 5$	gr(P) = 2
$P(x) = 0x^2 + 7x$	gr(P) = 1
$P(x) = 0x^3 + 0x^2 + 0x + 2$	gr(P) = 0
$P(x) = 0x^2 + 0x + 0$	Não se define grau para polinômio nulo

4 – Operações com Polinômios

4.1. Adição

Definição: Dados $A(x) = a_n x^n + a_{n-1} x^{n-1} + \ldots + a_2 x^2 + a_1 x + a_0$ e

$B(x) = b_n x^n + b_{n-1} b^{n-1} + \cdots + b_2 x^2 + b_1 x^1 + b_0$ **chama-se soma** de $A(x)$ e $B(x)$ o resultado da adição

$$A(x) + B(x) = (a_n + b_n)x^n + (a_{n-1} + b_{n-1})x^{n-1} + \cdots + (a_2 + b_2)x^2 + (a_1 + b_1)x + a_0 + b_0$$

Observação:

1. Costuma-se também indicar $A(x) + B(x)$ como $(A + B)(x)$.
2. Pode-se provar que $\text{gr}\left[A(x) + B(x)\right] \leqslant \max\{\text{gr}(A), \text{gr}(B)\}$.

Propriedades

- **Comutativa**: Para quaisquer polinômios $A(x)$ e $B(x)$, tem-se
$$A(x) + B(x) = B(x) + A(x)$$

- **Associativa**: Para quaisquer polinômios $A(x)$, $B(x)$ e $C(x)$ tem-se:
$$[A(x) + B(x)] + C(x) = A(x) + [B(x) + C(x)]$$

- **Existe o elemento neutro**: Para qualquer $A(x)$ existe um polinômio $E(x)$ tal que:
$$A(x) + E(x) = A(x) = E(x) + A(x)$$

- **Existe o elemento oposto**: Para qualquer $A(x)$ existe um polinômio $T(x)$ tal que:
$$A(x) + T(x) = E(x)$$

Observação:

1. Pode-se provar que o elemento neutro da adição de polinômios é o polinômio nulo.

2. Pode-se provar que o elemento oposto de $A(x) = a_n x^n + a_{n-1} b^{n-1} + \cdots + a_2 x^2 + a_1 x + a_0$ é

$-A(x) = (-a_n)x^n + (-a_{n-1})x^{n-1} + \cdots + (-a_2)x^2 + (-a_1)x + (-a_0)$

4.2. Subtração

Definição: Dados $A(x) = a_n x^n + a_{n-1} x^{n-1} + \cdots + a_2 x^2 + a_1 x + a_0$ e
$B(x) = b_n x^n + b_{n-1} x^{n-1} + \cdots + b_2 x^2 + b_1 x + b_0$ chama-se diferença entre os polinômios $A(x)$ e $B(x)$ o resultado da operação de subtração

$$A(x) - B(x) = (a_n - b_n)x^n + (a_{n-1} - b_{n-1})x^{n-1} + \cdots + (a_2 - b_2)x^2 + (a_1 - b_1)x + a_0 - b_0$$

Observação: costuma-se também indicar $A(x) - B(x)$ como $(A - B)(x)$.

4.3. Multiplicação

A técnica para se multiplicar dois polinômios $A(x) = a_n x^n + a_{n-1} x^{n-1} + \cdots + a_2 x^2 + a_1 x^1 + a_0$ e $B(x) = b_n x^n + b_{n-1} x^{n-1} + \cdots + b_2 x^2 + b_1 x + b_0$ é a seguinte:

1. multiplicam-se todos os pares formados por um termo de um polinômio e outro termo do outro, segundo a regra $ax^k \cdot bx^m = ab \cdot x^{k+m}$.

2. os termos resultantes, com iguais potências de **x**, são adicionados seguindo a regra $v \cdot x^r + w \cdot x^r + w \cdot x^r = (v + w)x^r$.

Observação:

Costuma-se também indicar $A(x) \cdot B(x)$ como $(A \cdot B)(x)$.

Pode-se provar que $gr(A \cdot B) = gr(A) + gr(B)$.

Propriedades
- **Comutativa**: Para quaisquer polinômios $A(x)$ e $B(x)$, tem-se
$$A(x) \cdot B(x) = B(x) \cdot A(x)$$
- **Associativa**: Para quaisquer polinômios $A(x)$, $B(x)$ e $C(x)$ tem-se:
$$[A(x) \cdot B(x)] \cdot C(x) = A(x) \cdot [B(x) \cdot C(x)]$$
- **Existe o elemento neutro**: Para qualquer $A(x)$ existe um polinômio $E(x)$ tal que:
$$A(x) \cdot E(x) = E(x) \cdot A(x) = A(x)$$
- **Distributiva**: Para quaisquer polinômios $A(x)$, $B(x)$ e $C(x)$ é válido que
$$A(x) \cdot (B + C)(x) = (A \cdot B + A \cdot C)(x)$$

Exemplos:

Sejam $A(x) = x^3 - 3x^2 + 6x + 2$; $B(x) = 4x^2 - 2x + 1$ e $C(x) = 5x^2 - 4$. Calcule $A + 2B - C$ e $A \cdot B$.

Solução:

Adição

$A(x) =$	x^3	$-3x^2$	$+6x$	$+2$
$+2B(x) =$		$8x^2$	$-4x$	$+2$
$-C(x) =$		$-5x^2$	$+0x$	$+4$
$A(x) + 2B(x) - C(x) =$	x^3	$+0x^2$	$+2x$	$+8$

Multiplicação

A(x) =		x^3	$-3x^2$	$+6x$	$+2$	
B(x) =			$4x^2$	$-2x$	$+1$	
$4x^2 \cdot A(x) =$	$4x^5$	$-12x^4$	$+24x^3$	$+8x^2$		
$-2x \cdot A(x) =$		$-2x^4$	$+6x^3$	$-12x^2$	$-4x$	
$+1x \cdot A(x) =$			$+x^3$	$-3x^2$	$+6x$	$+2$
$\therefore (A \cdot B)(x) =$	$4x^5$	$-14x^4$	$+31x^3$	$-7x^2$	$+2x$	$+2$

---

477 Dados $A(x) = 4x^3 + x^2 - 2x + 3$; $B(x) = 3x^2 - x - 2$ e $C(x) = 2x^2 + 1$, efetue:

a) $A + 2B + C$

b) $2A - B - 3C$

c) $A \cdot B + C$

---

478 Dados $P(x) = x^2 - 2x + 5$, $Q(x) = 2x^3 - 7$ e $R(x) = x + 8$, calcule:

a) $(P \cdot Q)(x)$

b) $(P \cdot R)(x)$

c) $(Q \cdot R)(x)$

479 Sejam $A(x) = 4x^3 + x - 7$ e $B(x) = 2x^3 + 3x^2 + 4$. Efetue:

a) $(A + B)(x)$

b) $(A \cdot B)(x)$

480 Considerando os polinômios $A(x)$ e $B(x)$ do exercício anterior,

a) Qual é o grau de $A(x)$? Resposta: $gr(A) =$

b) Qual é o grau de $B(x)$? Resposta: $gr(B) =$

c) Qual é o grau de $26 \cdot A(x)$? Resposta $gr(26 \cdot A(x)) =$

d) Qual é o grau de $(A + B)(x)$? Resposta: $gr[A(x) + B(x)] =$

e) Qual é o grau de $(A \cdot B)(x)$? Resposta: $gr[A(x) \cdot B(x)]$

f) Qual é o grau de $[2A \cdot (3B)](x)$? Resposta $gr[(2A) \cdot (3B)](x) =$

g) Qual é o grau de $(A^2 \cdot B^4)(x)$? Resposta: $gr(A^2 \cdot B^4)(x) =$

481 (FUVEST – 81) O grau dos polinômios $f(x)$, $g(x)$ e $h(x)$ é 3. O número natural **n** pode ser o grau do polinômio não nulo $f(x) \cdot [g(x) + h(x)]$ se, e somente se,

a) $n = 6$ b) $n = 9$ c) $0 \leqslant n \leqslant 6$ d) $3 \leqslant n \leqslant 9$ e) $3 \leqslant n \leqslant 6$

482 Dados $p(x) = 4x^3 - 11x^2 - 24x + 16$; $q(x) = x^3 - 2x^2 + 1$ e $r(x) = x^2 + 8x - 4$, determine **a** e **b** de modo que se tenha $p(x) = a \cdot q(x) + b \cdot r(x)$.

483 (UFGO) Considere o polinômio $p(x) = (x-1)(x-3)^2(x-5)^3(x-7)^4(x-9)^5(x-11)^6$. O grau de $p(x)$ é igual a:

a) 1080   b) 720   c) 36   d) 21   e) 6

484 Determine **r** e **s** de modo que se tenha $x^2 + rx + s = (x-r)(x-s)$.

485 Sendo $g(x) = x^2 + x + 1$, determine $f(x) = [g(x)]^3$.

486 Determine o polinômio $f(x)$, do segundo grau que satisfaz as seguintes condições:
$$\begin{cases} f(0) = 0 \\ f(x) - f(x-1) = x \end{cases}$$

487 Utilizando o polinômio do exercício anterior, deduza a fórmula para a soma **S** dos **n** primeiros números naturais positivos: $S = 1 + 2 + 3 + \cdots + n$.

488 (Mackenzie – 71) a) Determine o polinômio $P(x)$ do terceiro grau que tem $\alpha = 0$ como raiz e que satisfaz a identidade $P(x) - P(x-1) \equiv x^2$.

b) Determine $S = 1^2 + 2^2 + 3^2 + \cdots + n^2$.

Resp: **477** a) $4x^3 + 9x^2 - 4x$ b) $8x^3 - 7x^2 - 3x + 5$ c) $12x^5 - x^4 - 15x^3 + 11x^2 + x - 5$

478 a) $2x^5 - 4x^4 + 10x^3 - 7x^2 + 14x - 35$ b) $x^3 + 6x^2 - 11x + 40$ c) $2x^4 + 16x^3 - 7x - 56$

479 a) $6x^3 + 3x^2 + x - 3$ b) $8x^6 + 12x^5 + 2x^4 + 5x^3 - 21x^2 + 4x = 28$

480 a) 3   b) 3   c) 3   d) 3   e) 6   f) 3   g) 18   **481** E   **482** $a = 4; b = -3$

5 – Divisão de Polinômios

5.1 Definição:

Dados dois polinômios P(x) (**dividendo**) e d(x) (**divisor**), chama-se **divisão de** P(x) **por** d(x) a determinação de dois outros polinômios, a saber, Q(x) (**quociente**) e r(x) (resto), satisfazendo as duas seguintes condições:

1. P(x) = Q(x) · d(x) + r(x)
2. gr(r) < gr(d) ou r(x) = 0

$$\begin{array}{c|c} P(x) & d(x) \\ \hline r(x) & Q(x) \end{array}$$

Observações:

1. Pode-se demonstrar que, dados o dividendo e o divisor, **sempre existem e são únicos o quociente e o resto**.

2. Se r(x) = 0, então têm o mesmo significado dizer que

a. a divisão de P(x) por d(x) é **exata**.

b. P(x) é divisível por d(x).

c. d(x) é divisor de P(x).

d. P(x) é múltiplo de d(x).

Exemplo: Se $P(x) = 5x^3 - 2x^2 + x + 5$ e $d(x) = x^2 - 3x + 1$, então a divisão de P(x) **por** d(x) fornecerá quociente Q(x) e resto r(x) respectivamente iguais a $Q(x) = 5x + 13$ e $r(x) = 35x - 8$. Observe que as duas condições são satisfeitas:

1. $P(x) = 5x^3 - 2x^2 + x + 5 = \underbrace{(5x+13)}_{Q(x)} \cdot \underbrace{(x^2 - 3x + 1)}_{d(x)} + \underbrace{(35x - 8)}_{r(x)}$. De fato, efetuando-se as operações indicadas no segundo membro, temos:

$P(x) = 5x^3 - 15x^2 + 5x + 13x^2 - 39x + 13 + 35x - 8$

$P(x) = 5x^3 - 2x^2 + x + 5$

2. gr(r) = 1 < gr(d) = 2.

5.2 Divisões triviais

1. Se P(x) = 0 (o dividendo é o polinômio nulo). Nesse caso, o quociente e o resto são os polinômios nulos.

Se , $\begin{array}{c|c} P(x) & d(x) \\ \hline r(x) & Q(x) \end{array}$ então $\begin{array}{c|c} 0 & d(x) \\ \underline{-0} & 0 \\ 0 & \end{array}$ 0 = 0 · d(x)0 + 0

2. Se gr(P) < gr(d) (o grau do dividendo é menor do que o grau do divisor). Nesse caso, o quociente é zero e o resto é igual ao dividendo.

Exemplo 7:

$\begin{array}{c|c} x^2 - 8x + 2 & x^5 - 3x^2 + 7 \\ \underline{\quad -0 \quad} & 0 \\ x^2 - 8x + 2 & \end{array}$

$x^2 - 8x + 2 = 0 \cdot (x^5 - 3x^2 + 7) + x^2 - 8x + 2$

489 Determine, pelo **método da chave**, o quociente e o resto da divisão de P(x) por d(x) nos itens:

a) $P(x) = 4x^3 - 3x^2 + 2x + 1$; $d(x) = x^2 + x + 1$

$$4x^3 - 3x^2 + 2x + 1 \;\big|\; x^2 + x + 1$$

Resposta: $\begin{cases} Q(x) = \\ r(x) = \end{cases}$

b) $P(x) = x^5 + 2x^4 - 3x^2 + 5x + 1$; $d(x) = x^2 + 2$

$$x^5 + 2x^4 - 3x^2 + 0x + 5x + 1 \;\big|\; x^2 + 0x + 2$$

Resposta: $\begin{cases} Q(x) = \\ r(x) = \end{cases}$

c) $P(x) = x^3 + 7x^2 + 8x$; $d(x) = x^4$

Resposta: $\begin{cases} Q(x) = \\ r(x) = \end{cases}$

Resp: **483** D **484** $r = s = 0$ ou $r = 1$ e $s = -2$ **485** $x^6 + 3x^5 + 6x^4 + 7x^3 + 6x^2 + 3x + 1$

486 a) $P(x) = \frac{1}{2}x^2 + \frac{1}{2}x + c, c \in \mathbb{R}$ b) $S_n = \frac{n(n+1)}{2}$ **488** a) $P(x) = \frac{1}{3}x^3 + \frac{1}{2}x^2 + \frac{1}{6}x$ b) $S = \frac{n(n+1)(2n+1)}{6}$

d) $P(x) = x^4 - 3x^3 + 3x^2 + 4$; $d(x) = x^2 - 1$

Resposta: $\begin{cases} Q(x) = \\ r(x) = \end{cases}$

e) $P(x) = 10x^4 + 15x^3 + 9x^2 + 9x + 1$; $d(x) = 5x^2 + 2$

Resposta: $\begin{cases} Q(x) = \\ r(x) = \end{cases}$

f) $P(x) = 5x^6 - x^5 - x^4 - x^3 - x^2 - 1$; $d(x) = x - 1$

Resposta: $\begin{cases} Q(x) = \\ r(x) = \end{cases}$

g) $P(x) = 6x^2 - 4x + 10$; $d(x) = 2x$

Resposta: $\begin{cases} Q(x) = \\ r(x) = \end{cases}$

h) $P(x) = 12x^3 - 9x^2 + 6x - 15$; $d(x) = 3$

Resposta: $\begin{cases} Q(x) = \\ r(x) = \end{cases}$

490 Em cada item são dados os graus do dividendo e do divisor, P(x) e d(x), respectivamente. Determine os graus do quociente Q(x) e do resto r(x).

a) $\begin{cases} gr(P) = 6 \\ gr(d) = 4 \end{cases}$

b) $\begin{cases} gr(P) = 3 \\ gr(d) = 3 \end{cases}$

c) $\begin{cases} gr(P) = 3 \\ gr(d) = 4 \end{cases}$

d) $\begin{cases} gr(P) = 5 \\ gr(d) = 0 \end{cases}$

e) $\begin{cases} gr(P) = 0 \\ gr(d) = 3 \end{cases}$

Resp: **489** a) $Q(x) = 4x - 7$; $r(x) = 5x + 8$ b) $Q(x) = x^3 + 2x^2 - 2x - 7$; $r(x) = 9x + 15$

c) $Q(x) = 0$; $r(x) = x^3 + 7x^2 + 8x$

5.3 - Divisão pelo método de Descartes (ou método dos coeficientes a determinar)

Na divisão de P(x) por d(x), sabemos que:
- o grau do quociente é a diferença entre o grau do dividendo e o grau do divisor:
  $$gr(P) - gr(d) = gr(Q)$$

- O grau do resto é menor do que o grau do divisor ou o resto é zero. Isto é:
  $$gr(r) < gr(d) \text{ ou } r \equiv 0$$

Exemplo 1: Efetue a divisão de $3x^4 - 4x^3 + 2x^2 + 5$ por $x^2 - 2x + 3$.

1. Calculam-se os graus do quociente e do resto.
   - $gr(Q) = gr(P) - gr(d) \Rightarrow gr(Q) = 4 - 2 \Rightarrow gr(Q) = 2$
   - $gr(r) < gr(d) \Rightarrow gr(r) < 2$

2. Constroem-se os polinômios Q(x) e r(x), deixando incógnitos os coeficientes.
   - $gr(Q) = 2 \Rightarrow Q(x) = ax^2 + bx + c$
   - $gr(r) < 2 \Rightarrow r(x) = dx + e$

3. Determinam-se os coeficientes a partir da identidade $P(x) \equiv Q(x) \cdot d(x) + r(x)$:
   - $P(x) = Q(x) \cdot d(x) + r(x)$
   - $3x^4 - 4x^3 + 2x^2 + 5 = (ax^2 + bx + c)(x^2 - 2x + 3) + dx + e$
   - $3x^4 - 4x^3 + 2x^2 + 5 = ax^4 + (-2a + b)x^3 + (3a - 2b + c)x^2 + (3b - 2c + d)x + 3c + e$

$$\begin{cases} 3 = a \\ -4 = -2a + b \Rightarrow -4 = -2 \cdot (3) + b \Rightarrow b = 2 \\ 2 = 3a - 2b + c \Rightarrow 2 = 3 \cdot 3 - 2 \cdot 2 + c \Rightarrow c = -3 \\ 0 = 3b - 2c + d \Rightarrow 0 = 3 \cdot 2 - 2 \cdot (-3) + d \Rightarrow d = -12 \\ 5 = 3c + e \Rightarrow 5 = 3 \cdot (-3) + e \Rightarrow e = 14 \end{cases}$$

Portanto, $Q(x) = 3x^2 + 2x - 3$ e $r(x) = -12x + 14$.

Exemplo 2: Determine os valores de **a** e de **b** para que o polinômio $P(x) = 3x^3 + ax^2 + bx - 10$ seja divisível por $d(x) = x^2 + 3x - 2$.

Solução: Efetuando a divisão pelo método da chave, tem-se:

```
 3x³    +    ax²     +      bx      -    10    | x² + 3x - 2
-3x³    -    9x²     +      6x                 | 3x + (a - 9)
             (a-9)x² +    (b+6)x    -    10
           -(a-9)x²  +  (-3a+27)x   +  (2a-18)
                       (-3a+b+33)x  +  (2a-28)
```

Já que a divisão tem que ser exata, o resto deve ser igual a zero. Então:

$$\begin{cases} -3a + b + 33 = 0 \\ 2a - 28 = 0 \end{cases} \Leftrightarrow \boxed{a = 14} \text{ e } \boxed{b = 9}$$

491 Determine, pelo método de Descartes, a divisão do polinômio P(x) por d(x) em cada um dos itens.

a) $P(x) = x^3 - x^2 + x + 1$; $d(x) = x^2 - 5x + 1$

b) $P(x) = x^5 + 5x^4 + 5x^3$; $d(x) = x^3 + 3x^2 + 1$

c) $P(x) = 6x^5 - x^4 + 10x^2 - x + 5$; $d(x) = 3x^2 - 2x + 1$

Resp: **489** d) $Q(x) = x^2 - 3x + 4$; $r(x) = -3x + 8$ e) $Q(x) = 2x^2 + 3x + 1$; $r(x) = 3x - 1$
f) $Q(x) = 5x^5 + 4x^4 + 3x^3 + 2x^2 + x + 1$; $r(x) = 0$ g) $Q(x) = 3x - 2$; $r(x) = 10$ h) $Q(x) = 4x^3 - 3x^2 + 2x - 5$; $r(x) = 0$
490 a) gr(Q) = 2; gr(r) < 4 ou r(x) = 0   b) gr(Q) = 0; gr(r) < 3 ou r(x) = 0   c) Q(x) = 0; gr(r) = gr(P) = 3
d) gr(Q) = 5; r(x) = 0   e) Q(x) = 0; r(x) = 0

173

6 – Teorema do resto

O procedimento de se dividir um polinômio por um binômio do primeiro grau será muito frequente e útil no restante da teoria e, boa parte das vezes, estaremos mais interessados em determinar o resto da divisão do que no cálculo do quociente. O teorema do resto facilita muito os cálculos e será de grande utilidade no desenvolvimento do restante da teoria.

6.1. Enunciado. O resto da divisão do polinômio $P(x)$ por $(x - a)$ é igual a $P(a)$.

Ilustraremos o uso do teorema com alguns e exemplos e em seguida faremos a demonstração.

Exemplo 1: Determine o resto da divisão de $P(x) = x^4 - 3x^2 + 12x + 3$ por $x - 2$.

Solução:

1) Empregando o método da chave:

$$
\begin{array}{rrrrr|l}
x^4 + 0x^3 - 3x^2 + 12x + 3 & & x-2 \\
\underline{-x^4 + 2x^3} & & x^3 + 2x^2 + x + 14 \\
+ 2x^3 - 3x^2 & & \\
\underline{- 2x^3 + 4x^2} & & \\
+ x^2 + 12x & & \\
\underline{- x^2 + 2x} & & \\
+ 14x + 3 & & \\
\underline{- 14x + 28} & & \\
+ 31 & & \\
\end{array}
$$

O resto da divisão é 31.

2) Usando o teorema do resto: o resto da divisão de $P(x)$ por $x - 2$ é $P(2)$. Então:

$P(2) = 2^4 - 3 \cdot 2^2 + 12 \cdot 2 + 3$

$P(2) = 16 - 12 + 24 + 3$

$P(2) = 31$

Portanto, o resto da divisão é igual a 31.

Exemplo 2: Calcule o resto da divisão de $P(x) = 2x^3 + 3x^2 - x + 5$ por $(x + 3)$.

Solução: Pelo teorema do resto, o resto da divisão de $P(x) = 2x^3 + 3x^2 - x + 5$ por $(x + 3)$ é igual a $P(-3)$. Então: $P(-3) = 2 \cdot (-3)^3 + 3 \cdot (-3)^2 - (-3) + 5 \Leftrightarrow P(-3) = -54 + 27 + 3 + 5 \Leftrightarrow$

$\Leftrightarrow P(-3) = -19$.

Resposta: o resto da divisão de $P(x) = 2x^3 + 3x^2 - x + 5$ por $(x + 3)$ é igual a -19.

Exemplo 3: Determine o resto da divisão de $P(x) = 32x^4 - 8x^2 + 8x - 1$ por $(2x - 1)$.

Solução: Pelo teorema do resto, o resto da divisão de $P(x) = 32x^4 - 8x^2 + 8x - 1$ por $(2x - 1)$ é igual a $P\left(\frac{1}{2}\right)$. Logo,

$P\left(\frac{1}{2}\right) = 32\left(\frac{1}{2}\right)^4 - 8\left(\frac{1}{2}\right)^2 + 8 \cdot \frac{1}{2} - 1 \Leftrightarrow P\left(\frac{1}{2}\right) = 32 \cdot \frac{1}{16} - 8 \cdot \frac{1}{4} + 4 - 1 \Leftrightarrow$

$\Leftrightarrow P\left(\frac{1}{2}\right) = 2 - 2 + 4 - 1 \Leftrightarrow P\left(\frac{1}{2}\right) = 3$

Resposta: O resto da divisão de $P(x) = 32x^4 - 8x^2 + 8x - 1$ por $(2x - 1)$ é 3.

Exemplo 4: Calcule o resto da divisão de $P(x) = x^2 - 3x + 1$ por $(3x + 1)$.

Solução: Pelo teorema do resto, o resto da divisão de $P(x) = x^2 - 3x + 1$ por $(3x + 1)$ é $P\left(-\frac{1}{3}\right)$.

Logo, $P\left(-\frac{1}{3}\right) = \left(-\frac{1}{3}\right)^2 - 3 \cdot \left(-\frac{1}{3}\right) + 1 \Leftrightarrow P\left(-\frac{1}{3}\right) = \frac{1}{9} + 1 + 1 \Leftrightarrow P\left(-\frac{1}{3}\right) = \frac{19}{9}$.

Resposta: o resto da divisão de $P(x) = x^2 - 3x + 1$ por $(3x + 1)$ é $\frac{19}{9}$.

6.2 Demonstração do teorema. "O resto da divisão do polinômio $P(x)$ **por** $(x - a)$ é igual a $P(a)$".

Segundo o algoritmo da divisão, deve-se ter

$P(x) = (x - a) \cdot Q(x) + r(x)$ (I) $\qquad$ $gr(r) < gr(x - a)$, ou $r(x) = 0$ (II)

A condição (II) garante que o resto da divisão terá de ser uma constante (eventualmente nula, se a divisão for exata). Então podemos escrever simplesmente $r(x) = r$. Calculemos essa constante, substituindo **x** por **a** na identidade (I):

$P(a) = (a - a) \cdot Q(a) + r \Leftrightarrow P(a) = 0 \cdot Q(a) + r \Leftrightarrow P(a) = 0 + r \Leftrightarrow P(a) = r$

6.3 Consequência do teorema do resto (Teorema de D'Alembert)

Enunciado: $P(x)$ é divisível por $(x - \alpha)$ se, e somente se, α é raiz de $P(x)$.

Demonstração

(**1ª parte**) $P(x)$ é divisível por $(x - \alpha) \Rightarrow \alpha$ é raiz de $P(x)$.

De fato: por hipótese, $P(x) = (x - \alpha) \cdot Q(x)$. Logo, $P(\alpha) = (\alpha - \alpha) \cdot Q(\alpha) = 0 \cdot Q(\alpha) = 0$.

Ou seja, α é raiz de $P(x)$.

(**2ª parte**) α é raiz de $P(x) \Leftrightarrow P(x)$ é divisível por $(x - \alpha)$.

Dividindo $P(x)$ por $(x - \alpha)$ obtém-se quociente $Q(x)$ e resto constante, já que o divisor é do primeiro grau. Logo, pode-se escrever $P(x) = (x - \alpha) \cdot Q(x) + r$. Mas, por hipótese, α é raiz de $P(x)$, o que acarreta $P(\alpha) = (\alpha - \alpha) \cdot Q(\alpha) + r$, isto é, $0 = 0 \cdot Q(\alpha) + r$. Ou ainda, $0 = r$.

Portanto, $P(x) = (x - \alpha) \cdot Q(x)$, isto é, $P(x)$ é divisível por $(x - \alpha)$.

Exemplo 5: Determine k, $k \in \mathbb{R}$, para que o polinômio $P(x) = 3x^4 - 10x^3 + kx^2 + 10x - 4$ seja divisível por $3x - 1$.

Solução: Se $P(x)$ é divisível por $3x - 1$ então, pelo teorema de D'Alembert, $\frac{1}{3}$ é raiz de $P(x)$. Daí:

$3\left(\frac{1}{3}\right)^4 - 10\left(\frac{1}{3}\right)^3 + k\left(\frac{1}{3}\right)^2 + 10 \cdot \frac{1}{3} - 4 = 0$

$\frac{1}{27} - \frac{10}{27} + \frac{k}{9} + \frac{10}{3} - 4 = 0$

$1 - 10 + 3k + 90 - 108 = 0 \Rightarrow \boxed{k = 9}$

Resp: **491** a) $Q(x) = x + 4$; $r(x) = 20x - 3$ $\quad$ b) $Q(x) = x^2 + 2x - 1$; $r(x) = 2x^2 - 2x + 1$ $\quad$ c) $Q(x) = 2x^3 + x^2 + 3$; $r(x) = 5x + 2$

492 Determine em cada item abaixo qual o resto da divisão de P(x) por d(x)

a) $P(x) = 2x^3 + 3x^2 - 4x + 5$ e $d(x) = x - 1$

b) $P(x) = 3x^4 + 2x^3 - x^2 + 6x - 12$ e $d(x) = x + 2$

c) $P(x) = 4x^3 + 2x^2 + 5$ e $d(x) = x + 1$

d) $P(x) = x^4 - 3x^3 + 2x^2 - 3x + 7$ e $d(x) = x - 2$

493 Qual o resto da divisão de $P(x) = kx^2 + (1 - k^2)x + k$ por $x - k$?

494 (ITA) Dividindo-se o polinômio $P(x) = x^5 + ax^4 + bx^2 + cx + 1$ por $(x - 1)$, obtém-se resto igual a 2. Dividindo-se P(x) por $(x + 1)$ obtém-se resto igual a 3. Sabendo que P(x) é divisível por $(x - 2)$, tem-se que o valor de $\dfrac{ab}{c}$ é igual a

a) – 6   b) – 4   c) 4   d) 7   e) 9

495 Determine k para que o polinômio $P(x) = 2x^4 - 5x^3 + kx^2 + (3-k)x - 8$ seja divisível por $(x-2)$.

496 (FEI) Determine **a** e **b** no polinômio $f(x) = x^3 + 2x^2 + ax + b$, de modo que $f(x) + 1$ seja divisível por $x + 1$ e $f(x) - 1$ seja divisível por $x - 1$.

497 O polinômio $P(x) = x^3 + ax^2 + (a-18)x + 1$ é divisível por $x - 1$. Determine o valor de **b** para que o polinômio $Q(x) = (a-4)x^2 + (b+7)x + (a+1)$ seja um trinômio quadrado perfeito.

7 – Dispositivo prático de Briot-Ruffini

Numa divisão de polinômios em que o divisor $d(x)$ é do primeiro grau com coeficiente dominante igual a 1, isto é, $d(x)$ é da forma $d(x) = x + a$ ou $d(x) = x - a$, há um procedimento que permite obter de maneira muito simples o quociente e o resto da divisão.

Fazer a divisão de um polinômio $P(x) = a_n x^n + a_{n-1} x^{n-1} + a_{n-2} x^{n-2} + \cdots + a_2 x^2 + a_1 x + a_0$ por $d(x) = x - a$ significa determinar o quociente $Q(x)$ e o resto r, de modo que se tenha $Q(x) \cdot (x-a) + r = P(x)$.

Sabemos que o grau do quociente $Q(x)$ é a diferença entre o grau do dividendo $P(x)$ e o grau do divisor $d(x)$. Logo, $gr(Q) = n - 1$ e, desse modo, podemos escrever:

$$Q(x) = b_{n-1} x^{n-1} + b_{n-2} x^{n-2} + \cdots + b_2 x^2 + b_1 x + b_0$$

Portanto, para efetuar a divisão de $P(x)$ por $d(x)$, devemos determinar os coeficientes de $Q(x)$ e o resto r. Para tanto, vamos usar a identidade $Q(x) \cdot (x-a) + r = P(x)$, começando por efetuar o produto $Q(x) \cdot (x-a)$. Veja:

$$\begin{array}{l} b_{n-1} x^{n-1} + b_{n-2} x^{n-2} + \cdots + b_2 x^2 + b_1 x + b_0 \\ \underline{ x - a} \\ b_{n-1} x^n + b_{n-2} x^{n-1} + \ldots + b_{n-3} x^{n-2} + b_{n-4} x^{n-3} + \cdots + b_1 x^2 + b_0 x \\ \underline{ - ab_{n-1} x^{n-1} - ab_{n-2} x^{n-2} - ab_{n-3} x^{n-3} - \cdots - ab_2 x^2 - ab_1 x - ab_0} \\ b_{n-1} x^n + (b_{n-2} - ab_{n-1}) x^{n-1} + (b_{n-3} - ab_{n-2}) x^{n-2} + \cdots + (b_1 - ab_2) x^2 + (b_0 - ab_1) x - ab_0 \end{array}$$

Para determinar os coeficientes $b_{n-1}, b_{n-2}, \cdots, b_1, b_0$ e o resto r, impomos $Q(x) \cdot (x-a) + r = P(x)$:

$b_{n-1} x^n + (b_{n-2} - ab_{n-1}) x^{n-1} + (b_{n-3} - ab_{n-2}) x^{n-2} + \cdots + (b_1 - ab_2) x^2 + (b_0 - ab_1) x - ab_0 + r =$
$= a_n x^n + \cdots + a_0$

Igualando os coeficientes, tem-se:

$b_{n-1} = a_n$
$b_{n-2} - ab_{n-1} = a_{n-1} \Leftrightarrow b_{n-2} = ab_{n-1} + a_{n-1}$
$b_{n-3} - ab_{n-2} = a_{n-2} \Leftrightarrow b_{n-3} = ab_{n-2} + a_{n-2}$
$\vdots \qquad \vdots \qquad \vdots$
$b_0 - ab_1 = a_1 \Leftrightarrow b_0 = ab_1 + a_1$
$- ab_0 + r = a_0 \Leftrightarrow r = ab_0 + a_0$

As últimas equações acima mostram que os coeficientes $b_{n-1}, b_{n-2}, \ldots, b_1, b_0$ e o resto r são calculados de forma recorrente: sabendo um termo, calcula-se o seguinte e assim por diante. Na prática, o trabalho fica bastante facilitado com o uso do seguinte dispositivo prático:

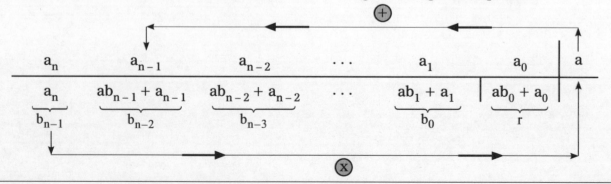

Exemplo 1: Efetue a divisão de $P(x) = 2x^3 + 3x^2 - 4x - 3$ por $x - 2$.
Solução:

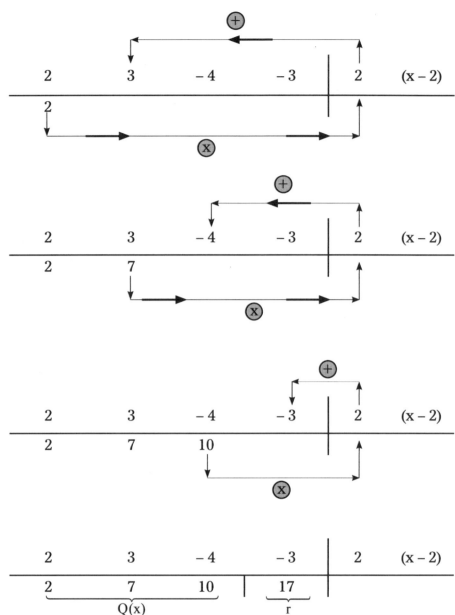

Portanto, na divisão de $P(x) = 2x^3 + 3x^2 - 4x - 3$ por $x - 2$, obtém-se quociente $Q(x) = 2x^2 + 7x + 10$ e resto $r = 17$.

Observações:

1) Os coeficientes dominantes do dividendo $P(x)$ e do quociente $Q(x)$, isto é, a_n e b_{n-1}, são sempre iguais e isso só ocorre porque o coeficiente dominante do divisor é igual a 1.

2) O grau do quociente é a diferença entre o grau do dividendo e o grau do divisor, isto é, $gr(Q) = gr(P) - gr(d)$, ou ainda, $gr(Q) = n - 1$. Portanto, se o dividendo é de grau **n**, então o dividendo tem $n + 1$ termos e o quociente terá grau $n - 1$ e terá **n** termos.

3) Se $P(x)$ for incompleto, é necessário colocar 0 (zero) no lugar dos termos que faltam.

Exemplo 2: Efetue a divisão de $P(x) = 3x^4 - 4x^3 - 130$ por $x - 3$.

Solução: Empregando o dispositivo prático de Briot-Ruffini, tem-se:

3	–4	0	0	–130	3	(x – 3)
3	5	15	45	5		

$\underbrace{3 \quad 5 \quad 15 \quad 45}_{Q(x)} \quad \underbrace{5}_{r}$

Resposta: $Q(x) = 3x^3 + 5x^2 + 15x + 45$ e $r = 5$.

Exemplo 3: Efetue a divisão de $P(x) = 2x^3 + 3x^2 + 81$ por $x + 4$.

Solução: Empregando o dispositivo prático de Briot-Ruffini, tem-se:

2	3	0	81	–4	(x + 4)
2	–5	20	1		

$\underbrace{2 \quad -5 \quad 20}_{Q(x)} \quad \underbrace{1}_{r}$

Resposta: $Q(x) = 2x^2 - 5x + 20$ e $r = 1$.

Exemplo 4: Efetue a divisão de $P(x) = 2x^4 + 5x^3 - 2x + 9$ por x.

Solução: Empregando o dispositivo prático de Briot-Ruffini, tem-se:

2	5	0	–2	9	0	(x – 0)
2	5	0	–2	9		

$\underbrace{2 \quad 5 \quad 0 \quad -2}_{Q(x)} \quad \underbrace{9}_{r}$

Resposta: $Q(x) = 2x^3 + 5x^2 - 2$ e $r = 9$.

Exemplo 5: Um polinômio $P(x)$ dividido por $(x - 1)$ deixa resto 2 e dividido por $(x - 2)$ deixa resto 1. Qual o resto da divisão de $P(x)$ por $x^2 - 3x + 2$?

Solução: Note que $x^2 - 3x + 2 = (x - 1)(x - 2)$.

$P(x)$ dividido por $(x - 1)$ deixa resto $2 \Rightarrow P(x) = (x - 1)Q_1(x) + 2 \Rightarrow P(1) = 2$ \hfill (I)

$P(x)$ dividido por $(x - 2)$ deixa resto $1 \Rightarrow P(x) = (x - 2)Q_2(x) + 1 \Rightarrow P(2) = 1$ \hfill (II)

Dividindo $P(x)$ por $(x - 1)(x - 2)$, o resto terá, no máximo, grau 1, pois o divisor tem grau 2. Logo:

$P(x) = (x - 1)(x - 2) + ax + b$ \hfill (III)

Fazendo $x = 1$ e $x = 2$, nesta última equação tem-se $\begin{cases} P(1) = (1-1)(1-2) + a \cdot 1 + b \\ P(2) = (2-1)(2-2) + a \cdot 2 + b \end{cases} \Rightarrow \begin{cases} 2 = a + b \\ 1 = 2a + b \end{cases}$

Resolvendo esse último sistema de equações obtém-se $a = -1$ e $b = 3$.

498 Efetue a divisão de P(x) por d(x) utilizando o dispositivo prático de Briot-Ruffini nos casos:

a) $P(x) = x^4 - 3x^3 + 2x^2 - 5x + 7$ e $d(x) = -1$

Resposta: Q(x) =   r =

b) $P(x) = 3x^2 - 2x - 8$ e $d(x) = x - 2$

Resposta: Q(x) =   r =

c) $P(x) = 5x^3 + 3x^2 - 4x + 26$ e $d(x) = x + 2$

Resposta: Q(x) =   r =

d) $P(x) = 5x^4 + 4x^3 - x^2 - 2x + 5$ e $d(x) = x$

Resposta: Q(x) =   r =

499 A divisão de $P(x) = 2x^4 - 9x^3 + mx^2 - 14x + 8$ por $x - 4$ é exata. Qual é o quociente dessa divisão?

500 Determine $P(x)$ que satisfaz a igualdade $(3x + 1) \cdot P(x) = 3x^3 - 5x^2 + 4x - 12 + (2x + 3) \cdot P(x)$

501 (E.E. MAUÁ) Determine o valor de **m** para que o polinômio

$P(x) = x^3 + (2 + m)x^2 + (3 + 2m)x + 3m$ seja divisível por $x + m$.

502 Na divisão do polinômio $P(x) = 3x^5 + ax^4 + bx^3 + cx^2 + 9x + 6$ por $x - 3$ obteve-se o quociente $Q(x) = 3x^4 + dx^3 + ex^2 + kx + 4$. Qual foi o resto obtido nessa divisão?

7.1. Divisão por binômio da forma cx ± a, em que c ≠ 0 e c ≠ 1

Deseja-se estender o uso do dispositivo prático de Briot-Ruffini para as divisões de P(x) por d(x) = cx ± a, mesmo nos casos em que **c** não for igual a 1, nem igual a 0.

Para tanto, observe que, pelo algoritmo da divisão, podemos escrever

$$P(x) = Q(x) \cdot (cx \pm a) + r \quad (I)$$

Dado que c ≠ 0, podemos obter uma equação equivalente a essa anterior:

$$P(x) = Q(x) \cdot c\left(x \pm \frac{a}{c}\right) + r \quad (II)$$

Portanto, em (II), vê-se que a divisão de P(x) por $\left(x \pm \frac{a}{c}\right)$ dá quociente $Q_1(x) = Q(x) \cdot c$ e resto **r**.

Então o procedimento que deve ser adotado para dividir P(x) por d(x) = cx ± a, utilizando o dispositivo prático de Briot-Ruffini é simples:

1. divide-se normalmente P(x) por $\left(x \pm \frac{a}{c}\right)$, usando o dispositivo.

2. O quociente obtido nesta divisão é, $Q_1(x) = Q(x) \cdot c$ o que implica em $Q(x) = \frac{Q_1(x)}{c}$

Acontece que esse Q(x) é justamente o quociente que se desejava na divisão de P(x) por d(x) = cx ± a. Veja a fórmula (I).

3. O resto da divisão é o mesmo, tanto na fórmula (I), quanto na (II).

Exemplo 1: Efetue a divisão de $P(x) = 2x^4 - 7x^3 + 11x^2 - 19x + 13$ por d(x) = 2x - 5.

Solução: Empregando o dispositivo prático de Briot-Ruffini, tem-se:

2	− 7	11	− 19	13	$\frac{5}{2}$	(2x − 5)
2	− 2	6	− 4	3		

$\underbrace{}_{Q_1(x) = Q(x)\cdot c} \quad \underbrace{}_{r}$

Temos o seguinte: $Q_1(x) = Q(x) \cdot c \Rightarrow 2x^3 - 2x^2 + 6x - 4 = Q(x) \cdot 2 \Rightarrow Q(x) = x^3 - x^2 + 3x - 2$

Resposta: $Q(x) = x^3 - x^2 + 3x - 2$ e r = 3.

Exemplo 2: Efetue a divisão de $P(x) = 15x^3 + 4x^2 + 17x + 18$ por d(x) = 3x + 2.

Solução: Empregando o dispositivo prático de Briot-Ruffini, tem-se:

15	4	17	18	$-\frac{2}{3}$	(3x + 2)
15	− 6	21	4		

$\underbrace{}_{Q_1(x)=Q(x)\cdot c} \quad \underbrace{}_{r}$

Resposta: $Q(x) = 5x^2 - 2x + 7$ e r = 4

Resp: **498** a) $Q(x) = x^3 - 2x^2 - 5$; r = 2   b) $Q(x) = 3x^2 + 6x + 10$; r = 12

c) $Q(x) = 5x^2 - 7x + 10$; r = 6   d) $Q(x) = 5x^3 + 4x^2 - x - 2$; r = 3

8 – Propriedades da divisão

8.1 – Os teoremas

Veremos a seguir três teoremas que serão muito úteis no estudo das equações algébricas.

Teorema 1: Se $P(x)$ é divisível por $(x-a)$ e o **quociente** dessa divisão é divisível por $(x-b)$, então $P(x)$ é divisível por $(x-a) \cdot (x-b)$.

Demonstração: O diagrama abaixo ilustra o que foi dito no teorema:

$$\left. \begin{array}{c} P(x) \; \underline{|\, x-a \,} \\ r_1 = 0 \quad Q_1(x) \; \underline{|\, x-b \,} \\ r_2 = 0 \quad Q_2(x) \end{array} \right\} \Rightarrow \begin{array}{c} P(x) \; \underline{|\, (x-a)(x-b) \,} \\ r = 0 \quad Q_3(x) \end{array}$$

Por hipótese, podemos escrever as equações $P(x) = (x-a) \cdot Q_1(x)$ (I) e $Q_1(x) = (x-b) \cdot Q_2(x)$ (II).

Substituindo (II) em (I), temos $P(x) = (x-a)(x-b) \cdot Q_2(x)$.

A igualdade acima traduz o fato de que $P(x)$ é divisível por $(x-a)(x-b)$, como queríamos provar.

Observação: esse teorema também é válido no caso em que $a = b$. Isto é, se $P(x)$ é divisível por $(x-a)$ e o quociente dessa divisão é divisível por $(x-a)$, então $P(x)$ é divisível por $(x-a)^2$.

Teorema 2: Se $P(x)$ é divisível por $(x-a)$ e $P(x)$ é divisível por $(x-b)$, sendo $a \neq b$, então $P(x)$ é divisível por $(x-a) \cdot (x-b)$. Veja o diagrama que ilustra o teorema 2:

$$\begin{array}{c} P(x) \; \underline{|\, x-a \,} \\ r = 0 \quad Q_1(x) \end{array} \text{ e } \left. \begin{array}{c} P(x) \; \underline{|\, x-b \,} \\ r = 0 \quad Q_2(x) \end{array} \right\} \underset{(a \neq b)}{\Longrightarrow} \begin{array}{c} P(x) \; \underline{|\, (x-a)(x-b) \,} \\ r = 0 \quad Q_3(x) \end{array}$$

Demonstração: A divisão de $P(x)$ por $(x-a) \cdot (x-b)$ deixará resto de, no máximo, grau 1. Ou seja, tem-se $P(x) = (x-a) \cdot (x-b) \cdot Q_3(x) + cx + d$. Devemos provar que, sendo $P(x)$ divisível por $(x-a)$ e por $(x-b)$, teremos obrigatoriamente $c = d = 0$.

De fato: $P(x)$ é divisível por $(x-a) \xrightarrow{\text{D'Alembert}} P(a) = 0 \Leftrightarrow ca + d = 0$ (I)

$P(x)$ é divisível por $(x-b) \xrightarrow{\text{D'Alembert}} P(b) = 0 \Leftrightarrow cb + d = 0$ (II)

Subtraindo membro a membro (I) e (II), temos:

$ca - cb = 0 \Leftrightarrow c(a-b) = 0 \underset{a \neq b}{\Leftrightarrow} c = 0 \Rightarrow d = 0$

Portanto, $P(x) = (x-a) \cdot (x-b) \cdot Q_3(x)$, isto é, $P(x)$ é divisível por $(x-a) \cdot (x-b)$.

Teorema 3: Se $P(x)$ é divisível por $(x - a) \cdot (x - b)$, então $P(x)$ é divisível por $(x - a)$ e por $(x - b)$.

Veja abaixo o diagrama que ilustra o teorema 3:

$$\begin{array}{c|c} P(x) & (x-a)(x-b) \\ r = 0 & Q(x) \end{array} \implies \begin{cases} \begin{array}{c|c} P(x) & x-a \\ r=0 & Q_1(x) \end{array} \end{cases} \text{e} \quad \begin{array}{c|c} P(x) & x-b \\ r=0 & Q_2(x) \end{array}$$

Demonstração

Por hipótese, temos $P(x) = (x - a) \cdot (x - b) \cdot Q(x)$. Logo:

$P(a) = (a - a) \cdot (a - b) \cdot Q(a) \Rightarrow P(a) = 0 \xrightarrow{\text{D'Alembert}} P(x)$ é divisível por $(x - a)$

$P(b) = (b - a) \cdot (b - b) \cdot Q(b) \Rightarrow P(b) = 0 \xrightarrow{\text{D'Alembert}} P(x)$ é divisível por $(x - b)$

Exemplo 3: Prove que $P(x) = x^3 - 2x^2 - 5x + 6$ é divisível por $x^2 - x - 6$.

Solução

1º modo: Efetuando a divisão pelo método da chave.

$$\begin{array}{rrrr|l} x^3 & -2x^2 & -5x & +6 & \underline{x^2 - x - 6} \\ \underline{-x^3} & \underline{+x^2} & \underline{+6x} & & x - 1 \\ & -x^2 & +x & +6 & \\ & \underline{+x^2} & \underline{-x} & \underline{-6} & \\ & & & 0 & \end{array}$$

Sendo o resto igual a 0 (zero), concluímos que $x^3 - 2x^2 - 5x + 6$ é divisível por $x^2 - x - 6$.

2º Modo: Tem-se que $x^2 - x - 6 = (x + 2)(x - 3)$. Vamos aplicar o **teorema 1**, efetuando a divisão de $P(x)$ por $(x + 2)$ e, na sequência, **dividir o quociente obtido** por $(x - 3)$. O dispositivo prático de Briot-Ruffini facilita a tarefa:

	1	−2	−5	+6	−2	(x + 2)
	1	−4	+3	0		

Repare que, sendo o resto igual a zero, já se tem garantido que $P(x)$ é divisível por $(x + 2)$.

Tomemos agora, no mesmo quadro, o quociente obtido $Q_1(x) = x^2 - 4x + 3$ e façamos a divisão dele por $(x - 3)$:

	1	−2	−5	+6	−2	(x + 2)
	1	−4	+3	0	+3	(x − 3)
	1	−1	0			

Resposta: dado que $P(x)$ é divisível por $(x + 2)$ e o quociente $Q_1(x) = x^2 - 4x + 3$ dessa divisão é divisível por $(x - 3)$, então $P(x)$ é divisível pelo produto $(x + 2)(x - 3)$, isto é, $P(x) = x^3 - 2x^2 - 5x + 6$ é divisível por $x^2 - x - 6$.

Resp: **499** $Q(x) = 2x^3 - x^2 + 3x - 2$ **500** $P(x) = 3x^2 + x + 6$ **501** $m = 0$ ou $m = -2$ **502** 18

3º Modo: (Usando o teorema 2). Dado que $x^2 - x - 6 = (x + 2)(x - 3)$, façamos a divisão de P(x) por (x + 2) e também a divisão de P(x) por (x - 3), por meio do dispositivo prático de Briot-Ruffini:

1	- 2	- 5	+ 6	- 2	(x + 2)
1	- 4	+ 3	0		

Vê-se que P(x) é divisível por (x + 2).

1	- 2	- 5	+ 6	+ 3	(x - 3)
1	+1	- 2	0		

Vê-se que P(x) é divisível por (x - 3).

$\left. \begin{array}{l} P(x) \text{ é divisível por } (x+2) \\ P(x) \text{ é divisível por } (x-3) \end{array} \right\} \Rightarrow$ P(x) é divisível por $(x+2)(x-3) = x^2 - x + 6$

Exemplo 4: Determine **a** e **b** de modo que o polinômio $P(x) = x^4 - x^3 + 2x^2 + ax + b$ seja divisível por $(x - 1)^2$.

Solução: Se P(x) é divisível por $(x - 1)^2$, então P(x) é divisível por (x - 1) e **o quociente** dessa divisão é divisível por (x - 1). Usando o dispositivo prático de Briot-Ruffini, tem-se:

1	- 1	2	a	b	1	(x - 1)
1	0	2	2 + a	2 + a + b	1	(x - 1)
1	1	3	5 + a			

P(x) tem que ser divisível por (x - 1). Portanto, o resto dessa divisão tem que ser zero: 2 + a + b = 0.

O quociente $Q(x) = x^3 + 0x^2 + 2x + 2 + a$ dessa divisão tem que ser divisível por (x - 1). Logo, 5 + a = 0. Então, a = - 5 e b = 3.

Resposta: a = - 5 e b = 3.

Exemplo 5: Determine os valores de **a** e **b** para que $P(x) = x^3 - 2x^2 + (a + b)x + (2a + b)$ seja divisível por $x^2 - 4x + 3$.

Solução: Deseja-se que P(x) seja divisível por $x^2 - 4x + 3 = (x - 1)(x - 3)$. O teorema 3 garante que, nesse caso, P(x) será divisível por (x - 1) e por (x - 3). Usando o dispositivo prático para uma e para a outra divisão:

1	- 2	a + b	2a + b	1	(x - 1)
1	- 1	a + b - 1	3a + 2b - 1		

1	- 2	a + b	2a + b	3	(x - 3)
1	+ 1	a + b + 3	5a + 4b + 9		

$\left. \begin{array}{l} P(x) \text{ tem que ser divisível por } (x-1) \Rightarrow 3a + 2b - 1 = 0 \\ P(x) \text{ tem que ser divisível por } (x-3) \Rightarrow 5a + 4b + 9 = 0 \end{array} \right\} \Rightarrow a = 11; b = -16$

Resposta: a = 11; b = - 16

8.2 – As generalizações dos teoremas.

Generalização do teorema 1. Se um polinômio P(x) é divisível (separadamente) por x – a, x – b, $\cdots$, x – k, (sendo a, b, $\cdots$, k distintos dois a dois), então P(x) é divisível pelo produto (x – a) · (x – b) $\cdots$ (x – k).

Generalização do teorema 2

Se:
- P(x) é divisível por x – a, com quociente $Q_a(x)$;
- $Q_a(x)$ é divisível por x – b; com quociente $Q_b(x)$;
- ...
- $Q_j(x)$ é divisível por x – k;

então P(x) é divisível pelo produto (x – a) · (x – b) $\cdots$ (x – k).

Generalização do teorema 3. Se um polinômio P(x) é divisível pelo produto (x – a) · (x – b) $\cdots$ (x – k), então P(x) é divisível (separadamente) por x – a, x – b, $\cdots$, x – k.

503 Qual é o quociente da divisão de $6x^5 + 5x^4 + 4x^3 + 27x^2 + 22x + 11$ por $2x + 3$?

504 Qual deve ser o valor de **k** para que o polinômio $P(x) = 9x^4 + 15x^3 + 19x^2 + kx + 12$ seja divisível por $3x + 4$?

505 Efetue a divisão de $P(x) = \frac{2x^4}{3} - \frac{11x^3}{3} - x^2 - \frac{22x}{3} + 8$ por $d(x) = \frac{1}{2}x - 2$.

506 O resto da divisão de um polinômio P(x) por ax – b é igual a P(3). Assinale a alternativa necessariamente correta:

a) a = – 3b   b) b = 3a   c) b = – 3a   d) a = 3b   e) a = b

507 Determine os valores de **m** e de **n** para que o polinômio

$P(x) = x^4 + 2mx^3 + 18x^2 + (5n - 2)x + 14$ seja divisível por $(x - 1) \cdot (x - 2)$.

508 (FACESP) Determine **a** e **b** para que o polinômio $x^3 + 2x^2 + (a + 5b)x + (a + 2b)$ seja divisível por $x^2 - x$.

509 (UFCE) Sejam **a**, **b** e **c** números reais distintos, não nulos, tais que o polinômio

$P(x) = x^2 + x + c$ é divisível por $x - a$ e por $x - b$. Então $a + b$ é igual a

a) – 1   b) 2   c) – 2   d) 1   e) 0

510 (FUMEC) Para que o polinômio $2x^4 - x^3 + mx^2 - nx + 2$ seja divisível por $x^2 - x - 2$, devemos ter

a) m = 1 e n = – 6
b) m = 6 e n = 1
c) m = 6 e n = – 1
d) m = – 6 e n = 1
e) m = – 6 e n = – 1

511 (FGV-SP) Determinando **m** e **n** de forma que $x^4 - x^3 - 22x^2 + mx + n$ seja divisível por $x^2 - 5x - 6$, o quociente dessa divisão será

a) $x^2 + 4x + 4$
b) $x^2 - 4$
c) $x^2 + 4x - 10$
d) $x^3 - 3x + 1$
e) $(x - 3)(x + 4)$

512 Calcule os valores de **a** e **b** para que o polinômio $P(x) = x^4 - 2x^3 + 6x^2 + ax + b$ seja divisível por $x^2 + 1$. **Sugestão**: $x^2 + 1 = x^2 - i^2 = (x - i)(x + i)$.

513 Calcule o resto da divisão do polinômio $P(x) = (x - 3)^{80} - (x - 4)^{40} + 2$ por $x^2 - 7x + 12$.

Resp: **503** $3x^4 - 2x^3 + 5x^2 + 6x + 2$ **504** 29   **505** $Q(x) = 2x^3 + x^2 + 3x - 4$; r = 0

514 (PUC – SP) Determine **a** e **b** de modo que o polinômio $P(x) = x^3 + ax + b$ seja divisível por $(x-1)^2$.

515 Um polinômio $P(x)$ dá resto 1 quando dividido por $x-1$ e resto 4 quando dividido por $x-2$. Determine o resto da divisão de $P(x)$ pelo produto $(x-1)(x-2)$.

516 (UECE) Se o polinômio $P(x) = mx^4 + qx^3 + 1$ é divisível por $(x-1)^2$, então $P(2)$ é igual a
a) 13　　b) 15　　c) 17　　d) 18　　e) 19

517 (Mackenzie) O polinômio $P(x) = 3x^3 + ax^2 + bx + c$ é divisível por $x^2 - 3x + 2$. Então o quadrado da soma dos números reais **a**, **b** e **c** é igual a
a) 0　　b) 1　　c) 4　　d) 9　　e) 16

Resp: **506** B　**507** m = – 3; n = – 5　**508** a = 2; b = – 1　**509** A　**510** D　**511** A
512 a = – 2; b = 5　**513** r(x) = 2x – 5　**514** a = – 3; b = 2　**515** r(x) = 3x – 2　**516** C　**517** D

IV POLIEDROS CONVEXOS

1 – Ângulo poliédrico convexo

1) Definição: Considere um polígono convexo contido em um plano α e um ponto **V** não pertencente α. O conjunto união de todos os setores angulares de vértice **V**, cujos lados passam por dois vértices consecutivos do polígono, chamamos de **ângulo poliédrico convexo**.

Os setores angulares, os lados deles e o vértice comum são chamados, respectivamente, de **faces**, **arestas** e **vértice** do ângulo poliédrico. Os diedros determinados por duas faces adjacentes são chamados de **diedros** do ângulo poliédrico.

O conjunto dos pontos comuns a todos os setores diedrais de um ângulo poliédrico (ângulo poliédrico mais o seu interior) é chamado de **ângulo sólido** ou **pirâmide infinita** ou ilimitada.

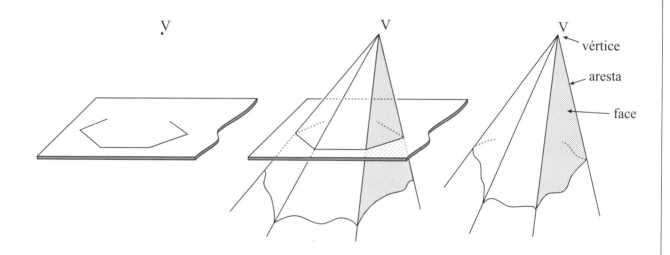

2) Nomenclatura

Conforme um ângulo poliédrico tenha 3, 4, 5, etc faces ele é chamado respectivamente de ângulo triédrico (ou triedro), ângulo tetraédrico, ângulo pentaédrico, etc.

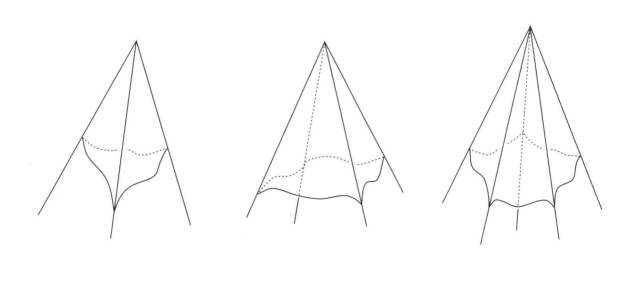

3) Teorema: Em todo ângulo poliédrico convexo;

a) Cada face é menor que a soma das demais.

b) A soma das medidas das faces, em graus, é menor que 360°.

Exemplo: Existe triedro cujas faces medem 100°, 90° e 80°, pois 100° + 90° + 80° < 360° e 100° < 90° + 80°. Mas não existe com faces de 120°, 130° e 140° pois 120° + 130° + 140° > 360°. E não existe cujas faces medem 70°, 30° e 35° pois 70° > 30° + 35°

2 – Superfície poliédrica convexa

1) Definição: Considere um conjunto de polígonos (regiões poligonais) convexos satisfazendo as seguintes condições:

a) Dois desses polígonos não estão num mesmo plano.

b) Cada lado desses polígonos é lado de, no máximo, dois polígonos.

c) Os lados desses polígonos que estão em apenas um polígono são lados de uma mesma poligonal fechada, contida ou não em um plano.

d) O plano que contém qualquer um desses polígonos deixa os demais num mesmo semi-espaço, com origem nesse plano.

A união desses polígonos é chamada de **superfície poliédrica convexa**.

Se qualquer lado desses polígonos está em dois polígonos a superfície é chamada de **superfície poliédrica convexa fechada** e se existir lado que está em apenas um polígono, a superfície é chamada de **superfície poliédrica convexa aberta**.

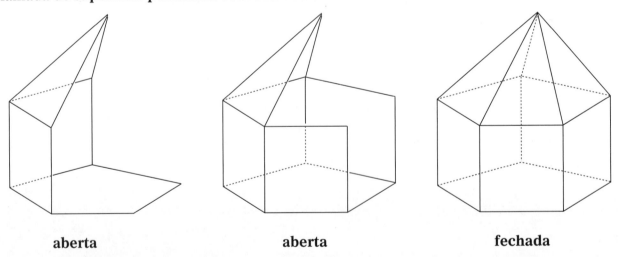

aberta   aberta   fechada

Os polígonos da definição são chamados de **faces** da superfície.

Os lados desses polígonos, são chamados de **arestas** da superfície.

Os vértices desses polígonos são chamados de **vértices** da superfície.

Duas faces que têm uma aresta em comum são chamadas de faces adjacentes.

O diedro determinado por duas faces adjacentes é chamado de diedro da superfície.

Indicamos com **V**, **A** e **F** os números, respectivamente, de vértices, arestas e faces da superfície poliédrica.

2) Teorema: primeira relação de Euler

Para toda superfície poliédrica convexa aberta vale a relação:

$$\boxed{V - A + F = 1}$$

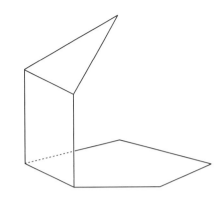

$\begin{cases} V = 8 \\ A = 10 \\ F = 3 \end{cases}$

$V - A + F = 8 - 10 + 3 = 1$

3) Teorema: segunda relação de Euler

Para toda superfície poliédrica convexa fechada vale a relação:

$$\boxed{V - A + F = 2}$$

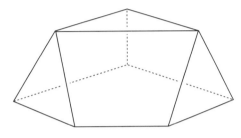

$\begin{cases} V = 8 \\ A = 13 \\ F = 7 \end{cases}$

$V - A + F = 8 - 13 + 7 = 2$

3 – Poliedro convexo

1) Definição: Considere uma superfície poliédrica convexa fechada. O conjunto dos pontos comuns a todos os setores diedrais, determinados pelos diedros da superfície, é chamado de poliedro convexo.

(É a união da superfície com o seu interior).

É evidente que para todo poliedro convexo vale a relação:

$$\boxed{V - A + F = 2}$$

Todo poliedro para o qual vale a relação $V - A + F = 2$ é chamado poliedro **Euleriano**

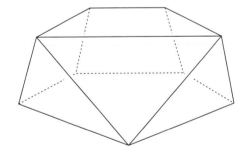

$\begin{cases} V = 9 \\ A = 15 \\ F = 8 \end{cases}$

$V - A + F = 9 - 15 + 8 = 2$

2) Teorema

A soma S das medidas, em graus, dos ângulos de todas as faces de um poliedro convexo é dada por:

$$\boxed{S = (V - 2)\,360°}$$

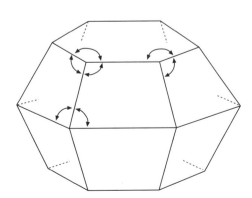

Exemplo 1: Duas faces de um triedro medem 50° e 60°. Determinar o intervalo de variação da medida da terceira face.

Resolução: Sendo **x** a medida da terceira face, temos:

Teoremas: (I) Soma das faces menor que 360°.

(II) Cada face é menor que a soma das demais. Então:

$$\begin{cases} x + 50° + 60° < 360° \\ x < 50° + 60° \\ 60° < x + 50° \end{cases} \Rightarrow \begin{cases} x < 250° \\ x < 110° \\ 10° < x \end{cases} \Rightarrow \boxed{10° < x < 110°}$$

Obs.: Como as faces têm medidas que são números positivos (em graus, neste caso), não é necessário escrever a relação: 50° < x + 60°.

Exemplo 2: Três faces de um ângulo poliedro tetraédrico medem 90°, 70° e 80°. Qual é o intervalo de variação da medida da quarta face?

Resolução: Sendo x a medida da quarta face, temos:

$$\begin{cases} x + 90° + 70° + 80° < 360° \\ x < 90° + 70° + 80° \end{cases} \Rightarrow \begin{cases} x < 120° \\ x < 240° \end{cases} \Rightarrow x < 120° \Rightarrow \boxed{0° < x < 120°}$$

Exemplo 3: Observe um esboço de um poliedro que tem 1 face pentagonal, 4 quadrangulares, 3 faces triangulares e 3 ângulos poliédricos tetraédricos e 6 triedros.

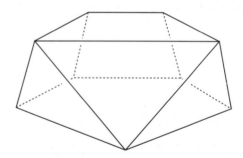

(I) Somando os números de faces de cada tipo, obtemos o número de faces:

$$F = 1 + 4 + 3 \Rightarrow \boxed{F = 8}$$

(II) Somando os números de ângulos poliédricos de cada tipo, obtemos o número de vértices:

$$V = 3 + 6 \Rightarrow \boxed{V = 9}$$

(III) A partir disto, para obter o número de A de arestas, temos 3 modos:

1° modo: 2ª relação de Euler

$V - A + F = 2 \Rightarrow 9 - A + 8 = 2 \Rightarrow \boxed{A = 15}$

2° modo: 1 face pentagonal, 4 quadrangulares e 3 triangulares $\Rightarrow 1(5) + 4(4) + 3(3) = 2A$, cada aresta foi contada 2 vezes.

Então: $5 + 16 + 9 = 2A \Rightarrow 2A = 30 \Rightarrow \boxed{A = 15}$

3° modo: 3 ângulos tetraédricos (4 "perninhas" cada um) e 6 triedros (3 "perninhas" cada um) $\Rightarrow 3(4) + 6(3) = 2A$, cada aresta foi contada 2 vezes.

Então: $12 + 18 = 2A \Rightarrow 2A = 30 \Rightarrow \boxed{A = 15}$

Exemplo 4: Determinar a soma dos ângulos internos de todas as faces de um poliedro convexo que tem 16 faces e 29 arestas.

Resolução: (1) Euler para poliedro: $V - A + F = 2 \Rightarrow$

$$V - 29 + 16 = 2 \quad \Rightarrow \quad \boxed{V = 15}$$

(2) Teorema: $S = (V - 2) \, 360°$

Será provado nos exercícios

$S = (15 - 2) \cdot 360° \Rightarrow S = 13 \, (360°) \quad \Rightarrow \quad \boxed{S = 4680°}$

Exemplo 5: Um poliedro convexo tem 2 faces pentagonais, 10 faces quadrangulares e 2 faces triangulares, tendo apenas estas faces. Quantas diagonais ele tem?

Resolução: (1) $F = 2 + 10 + 2 \quad \Rightarrow \quad \boxed{F = 14}$

(2) $2(5) + 10(4) + 2(3) = 2A \quad \Rightarrow \quad 2A = 56 \quad \Rightarrow \quad \boxed{A = 28}$

(3) Euler: $V - A + F = 2 \Rightarrow V - 28 + 14 = 2 \quad \Rightarrow \quad \boxed{V = 16}$

(4) Como cada face pentagonal tem 5 diagonais e cada quadrangular tem 2 (as triangulares não tem diagonal), o número d de diagonais das faces é dado por $d = 2(5) + 10(2) \quad \Rightarrow \quad \boxed{d = 30}$

(5) Note que o número D de diagonais do poliedro é dado pelo total de segmentos determinados pelos vértices menos **d** menos **A**. Então:

$D = C_{V,2} - A - d \Rightarrow D = C_{16,2} - 28 - 30 \Rightarrow$

$D = \dfrac{16!}{(16-2)!\,2!} - 28 - 30 \quad \Rightarrow \quad D = \dfrac{16 \cdot 15}{2} - 58 = 8 \cdot 15 - 58 \Rightarrow$

$D = 120 - 58 \quad \Rightarrow \quad \boxed{D = 62}$

Exemplo 6: Um poliedro convexo de 9 vértices e 8 faces tem 1 face pentagonal e as demais são triangulares e quadrangulares. Determinar os números de faces triangulares e quadrangulares.

Resolução: (1) x faces triangulares e y quadrangulares e 1 pentagonal.

(2) Euler: $V - A + F = 2, V = 9, F = 8 \Rightarrow 9 - A + 8 = 2 \Rightarrow \boxed{A = 15}$

(3) $\begin{cases} x + y + 1 = 8 \\ x(3) + y(4) + 1(5) = 2(15) \end{cases} \Rightarrow \begin{cases} x + y = 7 \\ 3x + 4y = 25 \end{cases} \Rightarrow y = 4 \Rightarrow x = 3$

$\Rightarrow$ 4 faces quadrangulares e 3 faces triangulares

Exemplo 7: Um poliedro convexo tem 2 ângulos poliédricos pentaédricos, 6 tetraédricos e 2 triedros, sendo apenas este os seus ângulos poliédricos. Se ele tem apenas faces triangulares e quadrangulares, quantas são as de cada tipo?

Resolução: 1) O número de ângulos poliédricos é igual ao número de vértices do poliedro. Então:

$$V = 2 + 6 + 2 \Rightarrow \boxed{V = 10}$$

2) Multiplicando os número de ângulos poliédricos de cada tipo, pelos números de arestas correspondentes, e somando os produtos obtidos, obtemos o dobro do número de arestas (cada uma foi contada duas vezes). Então:

$$2(5) + 6(4) + 2(3) = 2A \Rightarrow 2A = 40 \Rightarrow \boxed{A = 20}$$

3) Cálculo do número de faces (F)

Euler: $V - A + F = 2 \Rightarrow 10 - 20 + F = 2 \Rightarrow \boxed{F = 12}$

4) Sendo x o número de faces quadrangulares e y o de triangulares, temos:

$$\begin{cases} x + y = 12 \\ x(4) + y(3) = 2(20) \end{cases} \Rightarrow \begin{cases} x + y = 12 \\ 4x + 3y = 40 \end{cases} \Rightarrow \begin{cases} -3x - 3y = -36 \\ 4x + 3y = 40 \end{cases} \Rightarrow$$

$$\Rightarrow \boxed{x = 4} \Rightarrow 4 + y = 12 \Rightarrow \boxed{y = 8}$$

Resposta: 8 faces triangulares e 4 quadrangulares

Exemplo 8: Um poliedro convexo tem apenas ângulos poliédricos tetraédricos. Se a soma dos números de vértices, arestas e faces dele é 42, e ele apenas faces triangulares e quadrangulares, quantas são as faces de cada tipo?

Resolução: 1) O número de vértices V é igual ao de tetraédricos. Então:

$$V \cdot (4) = 2A \Rightarrow \boxed{A = 2V}$$

2) $\begin{cases} V + A + F = 42 \\ V - A + F = 2 \end{cases} \Rightarrow 2A = 40 \Rightarrow \boxed{A = 20} \Rightarrow \boxed{V = 10}$

3) Fazendo x faces triangulares e y quadrangulares, temos:

$$\begin{cases} x + y = 12 \\ 3x + 4y = 2(20) \end{cases} \Rightarrow \begin{cases} -3x - 3y = -36 \\ 3x + 4y = 40 \end{cases} \Rightarrow \boxed{y = 4} \Rightarrow \boxed{x = 8}$$

Resposta: 8 faces triangulares e 4 quadrangulares

518 Dizer se existe ângulo poliédrico tetraédrico cujas faces têm as seguintes medidas:

a) 20°, 25°, 30° e 80°.

b) 100°, 100°, 90° e 80°.

c) 80°, 60°, 40° e 30°.

519 Em cada caso são dadas as medidas de quatro faces de um ângulo poliédrico pentaédrico. Determine o intervalo de variação da medida da quinta face.

a) 20°, 30°, 60° e 45°.   b) 10°, 20°, 30° e 70°.   c) 50°, 70°, 80° e 90°.

520 Dizer quantas faces tem um ângulo poliédrico convexo, de faces congruentes entre si, dada a medida da face, nos casos:

a) 100°

b) 90°

c) 80°

d) 60°

521 Em cada caso é dado o esboço do desenho de uma superfície poliédrica convexa aberta. Determine V, A e F e constate que V − A + F = 1 (Relação de Euler para superfície aberta)

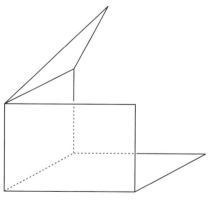
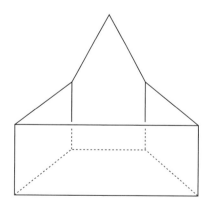

522 Se todas as arestas de uma superfície poliédrica convexa estão em duas faces dessa superfície, que superfície é essa?

R:

523 Em cada caso é dado o esboço do desenho de um poliedro convexo. Determine V, A e F e constate que V − A + F = 2 (Relação de Euler para superfície poliédrica convexa fechada e para poliedro convexo).

a)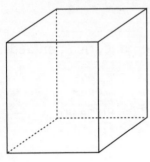

b)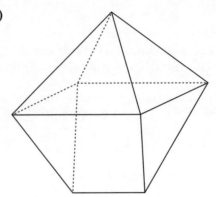

524 Um pentágono e um hexágono são duas faces adjacentes (faces adjacentes são faces que têm uma aresta em comum) de um poliedro convexo. Essas duas faces têm quantas arestas desse poliedro?

R:

525 Dizer quantas são as faces de cada tipo, some os números de arestas de todas essas faces e calcule dessa forma o número de aresta (A) de cada um dos poliedros esboçados:

a)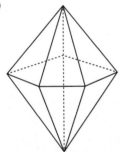

b)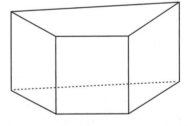

c)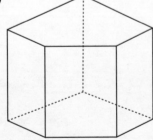

d)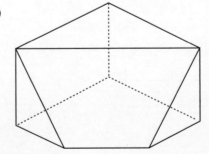

526 Um ângulo pentaédrico e um tetraédrico são dois ângulos poliédricos consecutivos de um poliedro convexo. Contidas nas arestas desses ângulos poliédricos há quantas arestas desses poliedro?

R:

527 Dizer quantos são os ângulos poliédricos de cada tipo, some os números de arestas de todos esses ângulos poliédricos e calcule dessa forma o número de arestas (A) de cada um dos poliedros esboçados:

a)
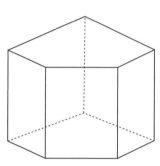

b)
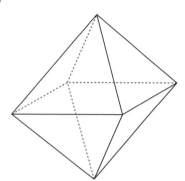

c)
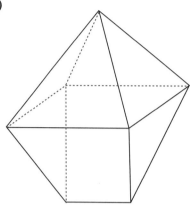

528 Em cada caso está esboçado o desenho de um poliedro convexo. Dizer quantos são os vértices, as arestas, as faces (V, A e F), quantas são as faces de cada tipo e quantos são os ângulos poliédricos de cada tipo.

a)
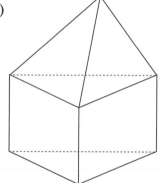

b)
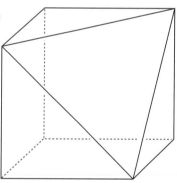

c)
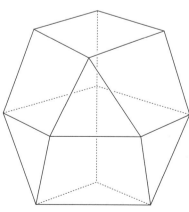

d)
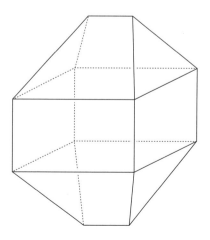

Resp: **518** a) Não b) Não c) Sim **519** a) $0° < x < 155°$ b) $10° < x < 130°$ c) $0° < x < 70°$
520 a) 3 b) 3 c) 3 ou 4 d) 3, 4 ou 5 **521** a) $V = 8, A = 11, F = 4$ b) $V = 9, A = 13, F = 5$

529 Um poliedro convexo de 30 faces tem apenas faces triangulares e quadrangulares. Se ele tem 50 arestas, quantos são as faces de cada tipo?

530 Um poliedro convexo de 9 faces e 10 vértices tem apenas faces triangulares e quadrangulares. Quantas são as faces de cada tipo?

531 Um poliedro convexo de 24 vértices e 36 arestas tem apenas faces triangulares e octogonais. Quantas são as faces de cada tipo?

532 Um poliedro convexo de 12 faces tem apenas faces triangulares e quadrangulares. Se a soma dos ângulos de todas as faces é 3600°, quantas são as faces de cada tipo?

533 Um poliedro convexo de 52 faces e 80 vértices tem apenas triedros e ângulos tetraédricos. Quantos são os ângulos poliédricos de cada tipo?

534 Um poliedro convexo de 25 faces e 40 arestas tem o número de ângulos hexaédricos igual ao dobro de triedros e os demais ângulos poliédricos são tetraédricos. Quantos são os ângulos poliédricos de cada tipo?

535 Um poliedro convexo tem 5 faces quadrangulares, 4 hexagonais e as demais são pentagonais. Se ele tem 1 ângulo tetraédrico e os demais são triedros, quantos triedros e quantas faces pentagonais ele tem?

Resp: **522** Superfície poliédrica convexa fechada   **523** a) V =8, A = 12, F = 6   b) V =7, A = 13, F =8   **524** 10
525 a) 10 triangulares, A = 15   b) 6 quadrangulares, A = 12   c) 5 quadrangulares, 2 pentagonais, A = 15
d) 3 triangulares, 3 quadrangulares, 1 pentagonal, A =13   **526** 8   **527** a) 10 triedros, A= 15
b) 6 tetraédricos, A = 12   c) 2 triedros, 5 tetraédricos, A = 13
528 a) V=7, A=12, F=7, 4 faces triangulares, 3 quadrangulares, 4 triedros e 3 tetraédricos   b) mesma do item a
c) V=12, A=22, F=12, 4 faces triangulares, 8 quadrangulares, 4 triedros e 8 ângulos tetraédricos   d) mesma do item c

536 Mostre que a soma dos ângulos de todas as faces de um poliedro convexo, onde V é o número de vértices, é, em graus, S = (V – 2) 360°

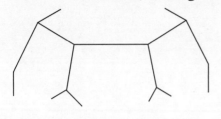

537 A soma dos ângulos (das medidas) de todas as faces de um poliedro convexo é 7560°. Quantos vértices tem esse poliedro?

538 A soma dos ângulos de todas as faces de um poliedro convexo que tem 60 arestas é 8640°. Quantas faces ele tem?

539 A soma dos ângulos de todas as faces de um poliedro convexo de 32 faces é 11880° e ele tem apenas triedros e ângulos tetraédricos. Quantos são os ângulos poliédricos de cada tipo?

540 Um poliedro convexo de 14 faces tem apenas faces regulares que são hexagonais e quadrangulares. Se todos os seus ângulos poliédricos são triedros e a soma das medidas de todas as arestas é 288m, qual é a área desse poliedro?

541 Um poliedro convexo que tem 7 ângulos pentaédricos e os demais triédricos tem 5 faces triangulares e as demais quadrangulares e pentagonais. Sabendo que ele tem 25 faces, determine o número de diagonais desse poliedro.

Resp: **529** 20 triangulares e 10 quadrangulares **530** 2 triangulares e 7 quadrangulares **531** 8 triangulares e 6 octogonais **532** 4 triangulares e 8 quadrangulares **533** 60 triedros, 20 tetraédricos **534** 4 triedros, 5 tetraédricos, 8 hexaédricos **535** 20 triedros, 4 pentagonais

542 Um poliedro convexo tem apenas faces triangulares e quadrangulares e ângulos poliédricos triédricos e tetraédricos. Sabendo que o número de faces triangulares é igual ao de triedros e que o número de faces, quadrangulares, é igual ao de ângulos tetraédricos, pergunta-se:

a) Qual é o número de faces triangulares?

b) Se o número de arestas for 12, qual é o número de quadrangulares? Esboçar um desenho.

c) Se o número de arestas for 16, qual é o número de quadrangulares? Esboçar um desenho.

4 – Poliedros de Platão

1) Definição: Um poliedro Euleriano é chamado de poliedro de Platão se, e somente se, as suas faces têm o mesmo número de arestas (são de um mesmo tipo) e os seus ângulos poliédricos têm um mesmo número de arestas (são de um mesmo tipo).

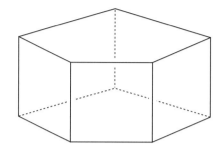

- Há faces de dois tipos: 5 quadrangulares e 2 pentagonais.
- Todos os ângulos poliédricos são triedros.
- Como as faces não são do mesmo tipo ele não é poliedro de Platão.

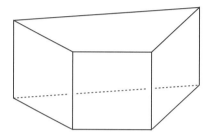

- As 6 faces são quadrangulares.
- Os 8 ângulos poliédricos são triedros.
- Então este é um poliedro de Platão.
- Ele é chamado **HEXAEDRO**.

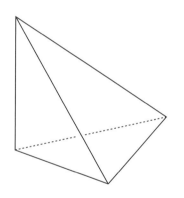

- As 4 faces são triangulares.
- Os 4 ângulos poliédricos são triedros.
- Então este é um poliedro de Platão.
- Ele é chamado **TETRAEDRO**.

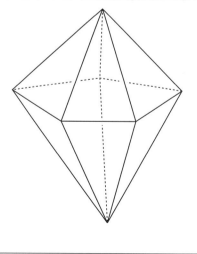

- As 10 faces são triangulares
- Há ângulos poliédricos de dois tipos: 2 ângulos pentaédricos e 5 tetraédricos.
- Como os ângulos poliédricos não são do mesmo tipo, ele não é um poliedro de Platão.

Resp: **536** Demonstração **537** 23 **538** 36 **539** 10 triedros, 25 tetraédricos **540** $384(2\sqrt{3}+1)m^2$
541 5 quadrangulares, 15 pentagonais, 356 diagonais

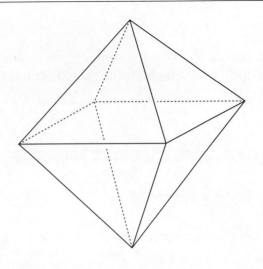

- As 8 faces são triangulares.
- Os 6 ângulos poliédricos são tetraédricos.

  Então este é um poliedro de Platão.

  Ele é chamado **OCTAEDRO**.

2) Teorema: Há apenas 5 tipos de poliedros de Platão

TETRAEDRO
$\begin{cases} 4 \text{ triângulos} \\ 4 \text{ triedros} \end{cases}$

HEXAEDRO
$\begin{cases} 6 \text{ quadriláteros} \\ 8 \text{ triedros} \end{cases}$

OCTAEDRO
$\begin{cases} 8 \text{ triângulos} \\ 6 \text{ tetraédricos} \end{cases}$

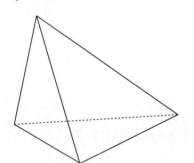 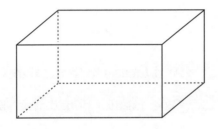 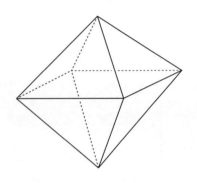

DODECAEDRO
$\begin{cases} 12 \text{ pentágonos} \\ 20 \text{ triedros} \end{cases}$

ICOSAEDRO
$\begin{cases} 20 \text{ triângulos} \\ 12 \text{ pentaédricos} \end{cases}$

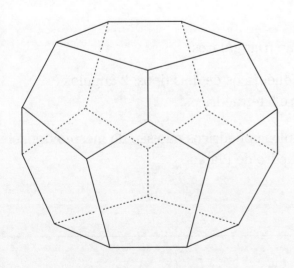 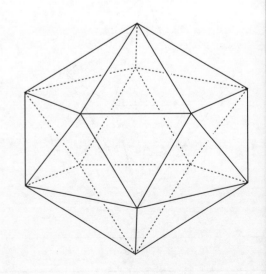

Poliedros de Platão						
		F	Face	V	Ângulo Poliedro	A
T	tetraedro	4	△	4		6
H	hexaedro	6	□	8		12
O	octaedro	8	△	6		12
D	dodecaedro	12	⬠	20		30
I	icosaedro	20	△	12		30

Obs.: Note que o produto do número de faces pelo número de aresta de cada face, resulta no dobro do número de arestas (2A) e que o produto do número de vértices pelo número de arestas de cada ângulo poliédrico resulta em 2A

Tetraedro: 4(3) = 4(3) = 2A   hexaedro: 6(4) = 8(3) = 2A

octaedro: 8(3) = 6(4) = 2A   dodecaedro: 12(5) = 20(3) = 2A

icosaedro: 20(3) = 12(5) = 2A

5 – Poliedros Regulares

1) Definição: Um poliedro convexo é chamado regular se, e somente se, as suas faces são polígonos regulares congruentes entre si e os seus ângulos poliédricos são regulares e congruentes entre si.

Obs. 1º) As faces de um poliedro regular ou são triângulos equiláteros, ou são quadrados, ou são pentágonos regulares.

2º) As faces de um poliedro regular não podem ter mais que 5 lados.

3º) Note que, de acordo com a definição, o poliedro regular é também um poliedro de Platão.

2)Teorema: Há apenas 5 tipos de poliedros regulares.

Os **poliedros regulares** são os **poliedros de Platão** cujas faces são polígonos regulares.

Note que todo poliedro regular é um poliedro de Platão, mas nem todo poliedro de Platão é regular.

a) **Tetraedro regular**

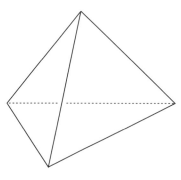

- Ele tem 4 faces que são triângulos equiláteros.
- Ele tem 4 triedros regulares com cada face medindo 60º.

Resp: **542** a) 4 faces triangulares   b) 3 faces quadrangulares   c) 5 faces quadrangulares

b) Hexaedro regular ou cubo

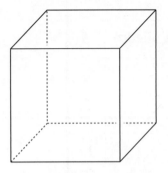

- Ele tem 6 faces que são quadrados.
- Ele tem 8 triedros trirretângulos.
- Ele tem 4 diagonais.

c) Octaedro regular

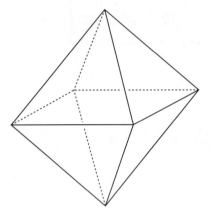

- Ele tem 8 faces que são triângulos equiláteros.
- Ele tem 6 ângulos tetraédricos regulares com cada face medindo 60°.
- Ele tem 3 diagonais.

d) Dodecaedro regular

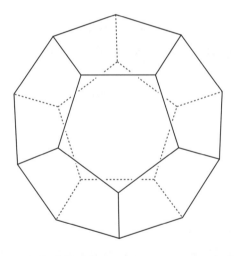

- Ele tem 12 faces que são pentágonos regulares (cada ângulo interno mede 108°).
- Ele tem 20 triedros regulares com cada face medindo 108°.
- O número de diagonais será calculado em um exercício.

e) Icosaedro regular

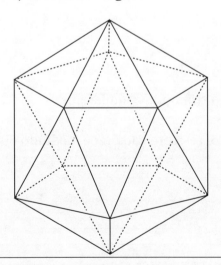

- Ele tem 20 faces que são triângulos equiláteros.
- Ele tem 12 ângulos pentaédricos regulares com cada face medindo 60°.
- O número de diagonais será calculado em um exercício.

3) Algumas secções planas

1 – Do tetraedro regular

Sesções que são triângulos

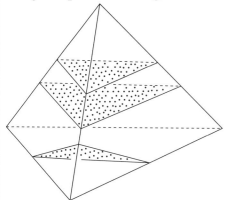

Secções que são retângulos

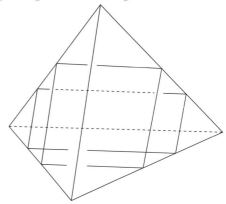

Pontos médios ⇒ quadrado

2 – Do hexaedro regular (cubo)

Triângulo, retângulo e trapézio

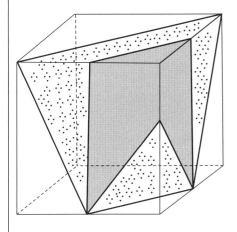

triângulo equilátero e hexágono regular

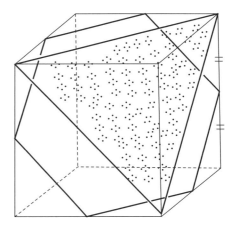

Secção que é pentágono

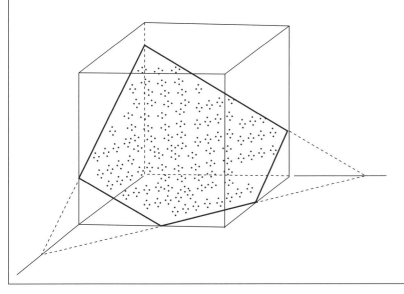

3 – Do octaedro regular

Qudrado e hexágono

Hexágono regular

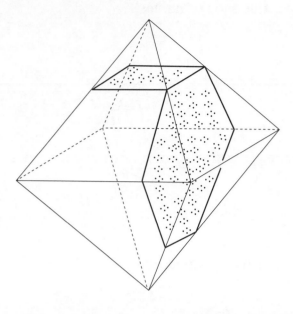
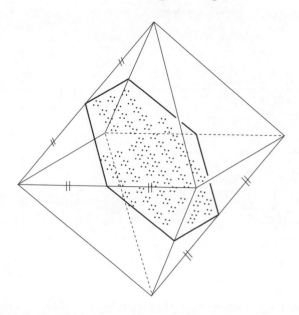

4) Alguns poliedros associados a poliedros regulares

1) Poliedro convexo cujos vértices são os pontos que dividem cada aresta de um tetraedro regular em 3 partes iguais.
   Ele tem 4 faces triangulares e 4 hexagonais.

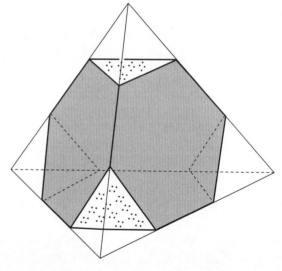

2) Poliedro convexo cujos vértices são os pontos médios das arestas de um tetraedro regular
   (É um octaedro regular)

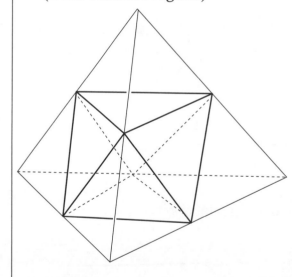

3) Poliedro convexo cujos vértices são os centros das faces de um tetraedro regular. Ele é chamado conjugado do tetraedro original.
   E é um tetraedro regular.

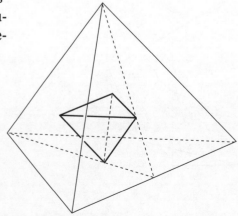

4) Poliedro convexo cujos: vértices são os pontos médios das arestas de um hexaedro regular(cubo). Ele tem:
6 faces quadrangulares e 8 triangulares.

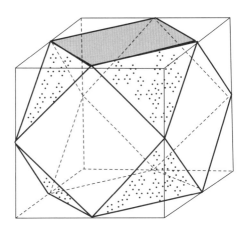

5) Conjugado de um cubo. É o poliedro convexo cujas vértices são os centros das faces do cubo. É um octaedro regular onde cada aresta é a distância entre os centros de faces adjacentes do cubo

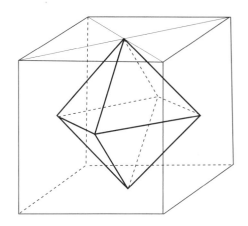

Obs.: 1) Para o octaedro regular temos 3 secções planas que são quadrados cujos vértices são vértices do octaedro. Ou seja: os vértices de um octaedro regular determinam 3 quadrados.

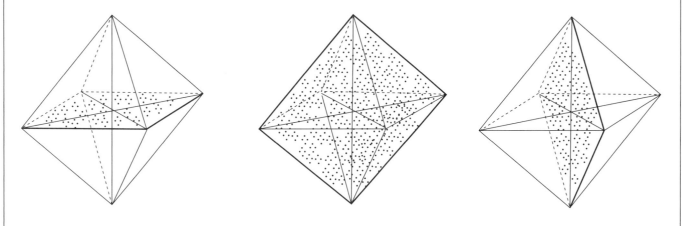

2) Para o cálculo do volume de um octaedro regular, basta observar que é igual o volume de duas pirâmides quadrangulares regulares de arestas congruentes entre si.

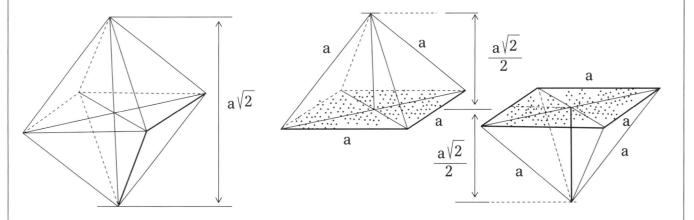

Note que a diagonal do octaedro é igual à diagonal de um quadrado cujo lado é igual a aresta dele.

Exemplo 1: Mostre que a diagonal de um hexaedro regular (cubo) de aresta a é dada por $d = a\sqrt{3}$. E sendo $d = 4\sqrt{6}$ cm a medida da diagonal de um cubo, determinar a sua área e o seu volume.

Resolução

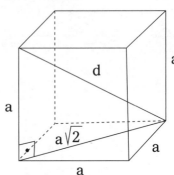

(1) $d^2 = a^2 + (a\sqrt{2})^2 \Rightarrow d^2 = a^2 + 2a^2 \Rightarrow$
$d^2 = 3a^2 \Rightarrow \boxed{d = a\sqrt{3}}$

(2) $d = a\sqrt{3} \Rightarrow 4\sqrt{6} = a\sqrt{3} \Rightarrow \boxed{a = 4\sqrt{2}}$

$A = 6a^2 \Rightarrow A = 6 \cdot (4\sqrt{2})^2 \Rightarrow \boxed{A = 192 \text{ cm}^2}$

$V = a^3 \Rightarrow V = (4\sqrt{2})^3 \Rightarrow \boxed{V = 128\sqrt{2} \text{ cm}^3}$

Exemplo 2: Se um hexaedro regular tem 162 cm² de área, qual é o seu volume?

Resolução

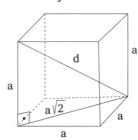

1) Cálculo da resta a

$A = 6a^2 \Rightarrow 6a^2 = 162 \Rightarrow a^2 = 27 \Rightarrow a = 3\sqrt{3}$

2) Volume: $V = a^3 \Rightarrow V = (3\sqrt{3})^3 \Rightarrow \boxed{V = 81\sqrt{3} \text{ cm}^3}$

Exemplo 3: Considere um cubo de aresta a. Determinar.

    a) A distância entre os centros de duas faces opostas.

       Esta distância é o diâmetro da esfera inscrita no cubo.

    b) A distância entre dois vértices opostos.

       Esta distância é o diâmento da esfera circunscrita ao cubo

    c) A distância entre duas arestas opostas paralelas.

       Esta distância é o diâmentro da esfera que tangencia as a restas do cubo

Resolução

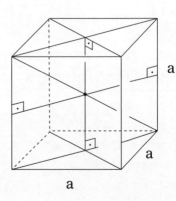

a) Note que esta distância é igual a aresta do cubo: distância = a

   Obs.: O raio da esfera inscrita é $\frac{a}{2}$

b) Note que esta distância é igual a diagonal do cubo: distância = $a\sqrt{3}$

   Obs.: O raio da esfera circunscrita é igual a $\frac{a\sqrt{3}}{2}$

c) Note que esta distância é igual a diagonal da face: distância igual a $a\sqrt{2}$

   Obs.: O raio da esfera que tangencia a arestas é $\frac{a\sqrt{2}}{2}$

Exemplo 4: Mostre que a projeção ortogonal de um vértice de um tetraedro regular, sobre a face oposta, é o circuncentro desta face.

Resolução:

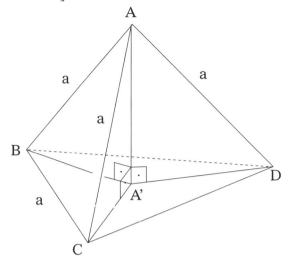

Como os triângulos AA'B, AA'C e AA'D são congruentes (Hipotebusas iguais a a e cateto AA' em comum), podemos afirmar que A'B = A'C = A'D.

Então A' é o circuncentro de BCD.

No triângulo equilátero, o circuncentro, o incentro, o ortocentro e o baricentro são coincidentes.

Então dizemos que A' é o centro da face BCD

Note que AA' é altura do tetraedro.

Exemplo 5: Mostre que a altura H de um tetraedro regular de aresta a é dada por $H = \frac{a\sqrt{3}}{2}$

Resolução:

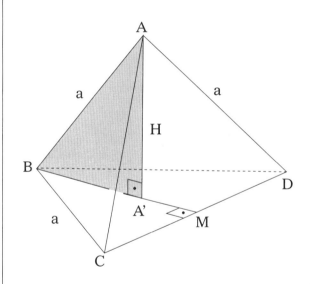

1) Sendo A' o centro da face BCD, note que $BM = h = \frac{a\sqrt{3}}{2}$. Então:

$$BA' = \frac{2}{3}h = \frac{2}{3} \cdot \frac{a\sqrt{3}}{2}$$

Pois A' é o baricentro de BCD

2) $H^2 + \left(\frac{2}{3} \cdot \frac{a\sqrt{3}}{2}\right)^2 = a^2 \Rightarrow$

$H^2 + \frac{3a^2}{9} = a^2 \Rightarrow 9H^2 + 3a^2 = 9a^2 \Rightarrow$

$9H^2 = 6a^2 \Rightarrow 3H = a\sqrt{6} \Rightarrow \boxed{H = \frac{a\sqrt{6}}{3}}$

Exemplo 6: Mostre que sendo M e N pontos médios, respectivamente, das arestas opostas AB e CD de um tetraedro regular, então MN é perpendicular a AB e CD.

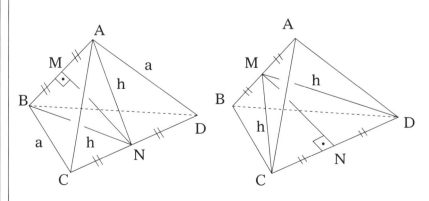

Note que AN, BN, CM e DM

são alturas de triângulos equiláteros que são as faces do tetraedro regular. Então:

(1) O triângulo NAB é isósceles de base AB ⇒ medianana NM é altura ⇒ NM ⊥ AB.

(2) O triângulo MCD é isósceles de base CD ⇒ mediana MN é altura ⇒ MN⊥CD.

Então MN é perpendicular a AB e CD

Exemplo 7: Mostre que as alturas de um tetraedro regular se cortam em um ponto 0 que dista $\frac{1}{4}H$ de cada face e $\frac{3}{4}H$ de cada vértice, onde H é altura do tetraedro.

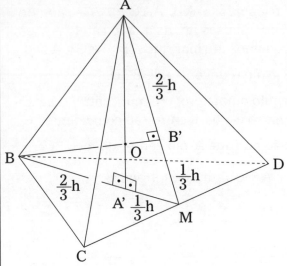

1) Sendo A' e B' os centros, respectivamente, das faces BCD e ACD, obtemos que AA' e BB' são alturas do tetraedro.

2) Como A' e B' são baricentros das respectivas faces, obtemos as medidas $\frac{2}{3}h$ indicadas na figura, onde h é a altura das faces. h = BM = AM

3) Note que os triângulos OAB' e OBA' são congruentes, donde obtemos OA' = OB' e OA = OB

4) Os triângulos AA'M e AB'O são semelhantes. Então:

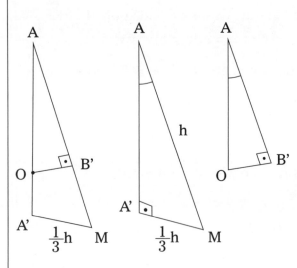

$$\frac{OA}{h} = \frac{OB'}{\frac{1}{3}h} \Rightarrow OA = 3(OB') = 3(OA')$$

Como OA + OA' = H obtemos:

$$3(OA') + OA' = H \Rightarrow 4(OA') = H \Rightarrow$$

$OA' = \frac{1}{4}H$ e $OA = \frac{3}{4}H$. Então:

$OA' = OB' = \frac{1}{4}H$ e $OA = OB = \frac{3}{4}H$

Da mesma forma obtemos que

$OC' = OD' = \frac{1}{4}H$ e $OC = OD = \frac{3}{4}H$.

Note que como O dista $\frac{1}{4}H$ de cada face, O é o centro da esfera inscrita no tetraedro, e o raio desta esfera é $r = \frac{1}{4}H$.

E como O dista $\frac{3}{4}H$ de cada vértice, O é o centro da esfera circunscrita ao tetraedro, e o raio desta esfera é $R = \frac{3}{4}H$.

Então sendo r e R os raios das esferas inscrita e circunscrita a um tetraedro regular de altura H, temos:

$$r = \frac{1}{4}H \quad e \quad R = \frac{3}{4}H, \quad \text{onde} \quad H = \frac{a\sqrt{6}}{3}$$

Exemplo 8: Determinar o volume de um tetraedro regular de aresta a.

Resolução:

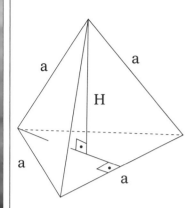

1) Já mostramos no exemplo 5 que a altura H de um tetraedro regular de aresta a e dada por $H = \dfrac{a\sqrt{6}}{3}$.

2) Como o tetraedro é uma pirâmide, temos:

$$V = \dfrac{1}{3} BH \Rightarrow V = \dfrac{1}{3} \dfrac{a^2\sqrt{3}}{4} \cdot \dfrac{a\sqrt{6}}{3} \Rightarrow$$

$$V = \dfrac{1}{3} \dfrac{a^3\sqrt{18}}{12} \Rightarrow \boxed{V = \dfrac{a^3\sqrt{2}}{12}}$$

É necessário saber deduzi - la e não decorá - la

Exemplo 9: Determinar o volume de um octaedro regular de aresta a

Resolução:

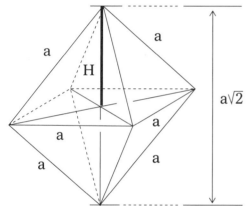

O octaedro regular pode ser decomposto em 2 pirâmides. Então:

$$V = 2\left[V_{pir.}\right]$$

$$V = 2\left[\dfrac{1}{3} BH\right] \text{ onde } B = a^2 \text{ e } H = \dfrac{a\sqrt{2}}{2}$$

$$V = 2\left[\dfrac{1}{3} a^2 \cdot \dfrac{a\sqrt{2}}{2}\right] \Rightarrow \boxed{V = \dfrac{a^3\sqrt{2}}{3}}$$

É necessário saber deduzi - la e não decorá - la

Exemplo 10: Considere um octaedro regular de aresta a. Determinar a distância entre o seu centro (encontro das diagonais) e:

a) Qualquer um de seus vértices.
b) Qualquer uma de suas faces.

Resolução:

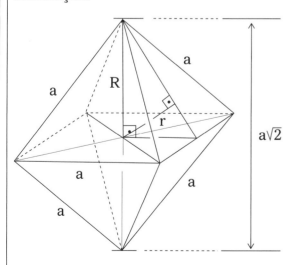

Como estas distâncias são os raios das esferas inscrita e circunscrita ao octaedro, vamos indicá-las por r, (inscrita) e R (circunscrita).

a) Note que R é a metade da diagonal

Então: $R = \dfrac{d}{2} \Rightarrow R = \dfrac{a\sqrt{2}}{2}$

b) Relação métrica

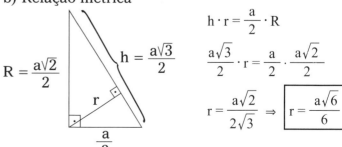

$$h \cdot r = \dfrac{a}{2} \cdot R$$

$$\dfrac{a\sqrt{3}}{2} \cdot r = \dfrac{a}{2} \cdot \dfrac{a\sqrt{2}}{2}$$

$$r = \dfrac{a\sqrt{2}}{2\sqrt{3}} \Rightarrow \boxed{r = \dfrac{a\sqrt{6}}{6}}$$

543 Considere um hexaedro regular de aresta a. Determinar a distância entre um vértice e uma diagonal a qual ele não pertence.

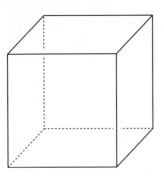

544 Determinar o ângulo que uma diagonal de um hexaedro regular (cubo) forma com;

a) Uma aresta do cubo.

b) Uma face do cubo.

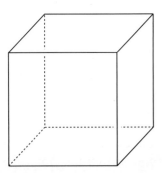

545 Determine o ângulo formado por duas diagonais de um hexaedro regular.

546 Mostre que a altura **H** de um tetraedro regular de aresta a é $H = \dfrac{a\sqrt{6}}{3}$

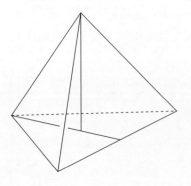

547 Determinar o volume e a área de um tetraedro regular de 6 cm de altura. Pode usar $H = \dfrac{a\sqrt{6}}{3}$

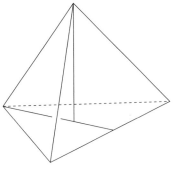

548 Determine a distância entre o centro de uma face de um tetraedro regular de aresta **a** e uma outra face.

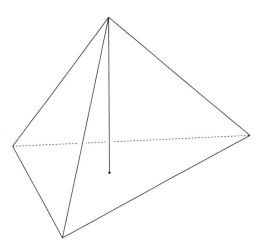

549 Determine a distância entre o centro de uma face de um tetraedro regular de aresta **a** e uma aresta que não está na face deste ponto.

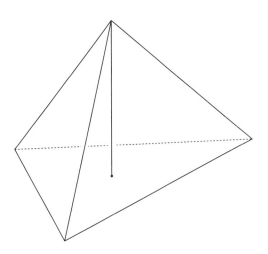

550 Determinar o volume e a área de um octaedro regular cuja aresta mede 6 cm.

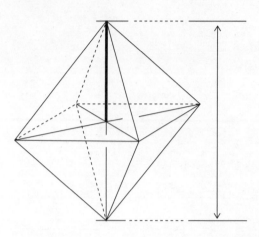

551 Determinar o volume e a área de um octaedro regular cuja diagonal mede 6 cm.

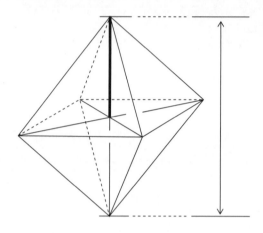

552 Determinar a distânica entre as faces opostas de um octaedro regular que tem $216\sqrt{3}$ cm² de área.

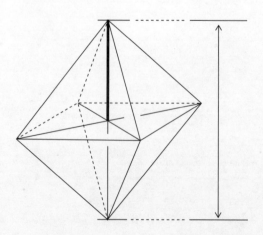

553 Determinar a distância entre as arestas opostas de um tetraedro regular que tem $2\sqrt{6}$ cm³ de volume. Usar $H = \dfrac{a\sqrt{6}}{3}$

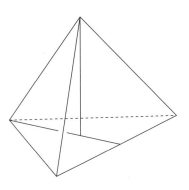

554 Determinar o cosseno do diedro de um tetraedro regular. E usando este cosseno, determinar, em função de H, o raio da esfera inscrita e o da circunscrita neste sólido.

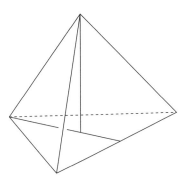

555 Considere um octaedro regular. Determine o ângulo que:

a) Uma aresta forma com uma aresta reversa com ela.

b) Uma diagonal forma com uma aresta concorrente com ela.

c) Uma diagonal forma com uma face.

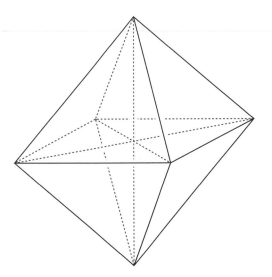

Resp: **543** $\dfrac{a\sqrt{6}}{3}$ **544** a) arc cos $\dfrac{\sqrt{3}}{3}$ b) arc cos $\dfrac{\sqrt{6}}{3}$ **545** arc cos $\dfrac{1}{3}$ **547** $27\sqrt{3}$ cm³; $54\sqrt{3}$ cm² **548** $\dfrac{a\sqrt{6}}{9}$ **549** $\dfrac{a\sqrt{2}}{3}$

556 Sendo r e R os raios das esferas inscrita e circunscrita em um tetraedro regular, determinar a distância **x** entre o centro dele e uma aresta. Esta distância é o raio da esfera que tangencia as suas arestas.

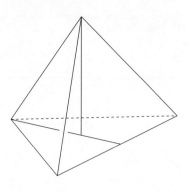

557 Uma secção plana de um tetraedro regular é um quadrado de 36m². Qual é a área desse tetraedro?

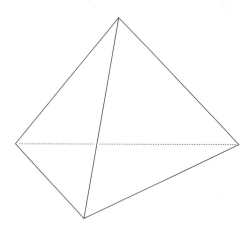

558 Uma secção plana de um cubo é um hexágono regular de $54\sqrt{3}$ m². Qual é a área desse cubo?

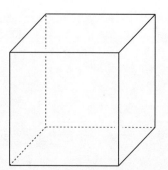

559 Em cada caso considere um poliedro regular de aresta **a**. Determinar a aresta do seu conjugado.

Obs.: O conjugado de um poliedro regular é o poliedro convexo cujos vértices são os centros de suas faces.

a)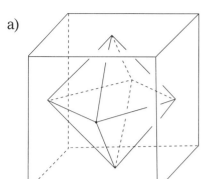

b)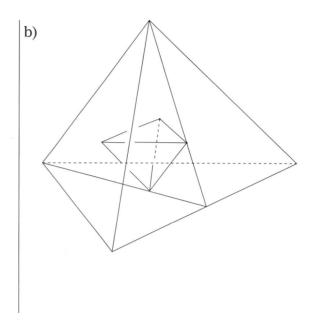

c)

560 Determinar o volume de um tetraedro regular cuja conjugado tem $4\sqrt{3}$ cm² de área.

Resp: **550** $72\sqrt{2}$ cm³, $72\sqrt{3}$ cm²   **551** 36 cm³, $36\sqrt{3}$ cm²   **552** $6\sqrt{2}$ cm   **553** $\sqrt{6}$ cm

554 $\cos\theta = \dfrac{1}{3}$ **555** a) 60°   b) 45°   c) $\arccos\dfrac{\sqrt{6}}{3}$

561 Uma secção plana de um octaedro regular é um hexágono regular de $18\sqrt{3}$ cm² de área. Determinar o volume e a área deste octaedro.

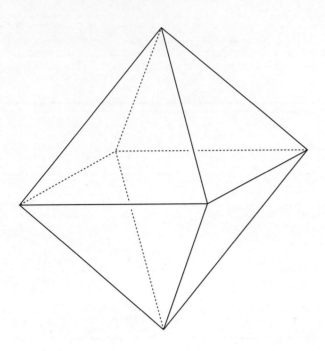

562 Um cubo tem os vértices nas arestas de um octaedro regular de aresta a. Determinar a aresta deste cubo.

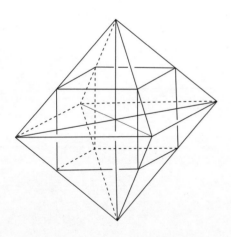

563 Considere um cubo de aresta **a**. Esboçar o desenho, determinar a área e quantas são as diagonais do poliedro convexo cujos vértices são os pontos médios das arestas desse cubo.

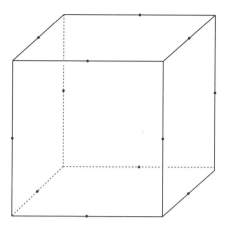

564 De cada um dos cantos de um tetraedro regular de aresta 3a corta-se um tetraedro regular de aresta **a**. Esboçar um desenho e determinar a área do poliedro resultante.

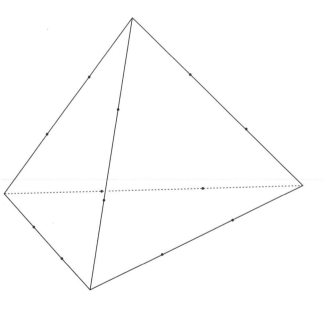

Resp: **556** $\sqrt{rR}$ **557** $144\sqrt{3}$ m²   **558** 432 m²   **559** a) $\dfrac{a\sqrt{2}}{2}$ b) $\dfrac{a}{3}$ c) $\dfrac{a\sqrt{2}}{3}$ **560** $18\sqrt{2}$ cm³

565 Um poliedro convexo P é obtido pela união de um octaedro regular e um tetraedro regular que têm uma face, e apenas os pontos dessa face, em comum. Quantas faces tem o poliedro **P**.

Há apenas 5 tipos de poliedros de Platão. Vejamos:

1) Sejam V, A e F os números de vértices, arestas e faces, respectivamente

2) Seja **n** o número de arestas de cada face e **p** o número de arestas em cada vértice.
   Note que $n \geq 3, p \geq 3$ e:

$$n \cdot F = 2A \Rightarrow F = \frac{2A}{n} \quad \text{e} \quad pV = 2A \Rightarrow V = \frac{2A}{P}$$

3) Euler: $V - A + F = 2 \Rightarrow \frac{2A}{P} - A + \frac{2A}{n} = 2$. Dividindo por (2A):

$$\boxed{\frac{1}{P} - \frac{1}{2} + \frac{1}{n} = \frac{1}{A}} \quad \text{Observe que} \quad \frac{1}{P} - \frac{1}{2} + \frac{1}{n} > 0$$

4) Vejamos se pode ocorrer simultaneamente n e p maiores que 3

$$\begin{cases} n \geq 4 \\ p \geq 4 \end{cases} \Rightarrow \begin{cases} \frac{1}{n} \leq \frac{1}{4} \\ \frac{1}{p} \leq \frac{1}{4} \end{cases} \Rightarrow \frac{1}{n} + \frac{1}{p} \leq \frac{1}{2} \Rightarrow \frac{1}{n} - \frac{1}{2} + \frac{1}{p} \leq 0 \quad \text{(Absurdo. Ver acima)}$$

Então n ou p tem que ser igual a 3

5) Vejamos o que ocorre quando n = 3 (as faces são triangulares).

$$n = 3 \Rightarrow \frac{1}{p} - \frac{1}{2} + \frac{1}{3} = \frac{1}{A} \Rightarrow \frac{1}{P} - \frac{1}{6} = \frac{1}{A} \Rightarrow \frac{1}{P} - \frac{1}{6} > 0 \Rightarrow \frac{1}{P} > \frac{1}{6} \Rightarrow \boxed{P < 6} \Rightarrow$$

$p = 3, 4, 5 \Rightarrow (n, p) = (3, 3), (3, 4), (3,5)$

(I) $n = 3, p = 3 \Rightarrow A = 6, F = 4, V = 4 \Rightarrow$ Tetraedro

(II) $n = 3, p = 4 \Rightarrow A = 12, F = 8, V = 6 \Rightarrow$ Octaedro

(III) $n = 3, p = 5 \Rightarrow A = 30, F = 20, V = 12 \Rightarrow$ Icosaedro

Estes são os com faces triangulares.

6) Vejamos o que ocorre quando p = 3 (os ângulos poliédricos são triedros).

$$p = 3 \Rightarrow \frac{1}{n} - \frac{1}{2} + \frac{1}{3} = \frac{1}{A} \Rightarrow \frac{1}{n} - \frac{1}{6} = \frac{1}{A} > 0 \Rightarrow \frac{1}{n} > \frac{1}{6} \Rightarrow \boxed{n < 6} \Rightarrow$$

$n = 3, 4, 5 \Rightarrow (n, p) = (3, 3)(4, 3)(5, 3)$. Para $n = 3, p = 3$, visto acima.

(I) $n = 4, p = 3 \Rightarrow A = 12, F = 6, V = 8 \Rightarrow$ hexaedro

(II) $n = 5, p = 3 \Rightarrow A = 30, F = 12, V = 20 \Rightarrow$ dodecaedro

Então, existem 3 poliedros de Platão com faces triangulares, com ângulos poliédricos que podem ser **triedro** (caso do tetraedro), **tetraédrico** (caso do octaedro) ou **pentaédrico** (caso do icosaedro).

E existem outros 2 poliedros de Platão com triedros, com faces que podem ser **quadrangulares** (caso do hexaedro) ou com faces **pentagonais** (caso do dodecaedro),

---

Resp: **561** $8\sqrt{6}$ cm³, $96\sqrt{3}$ cm²   **562** $a(2 - \sqrt{2})$ **563** $(\sqrt{3} + 3)a^2$, 30 diagonas   **564** $7\sqrt{3}\,a^2$

566 Resolver

a) Quantas faces tem um poliedro convexo que tem 30 vértices e 45 arestas?
b) Quantas arestas tem um poliedro convexo de 8 vértices e 9 faces?
c) Quantas vértices tem um poliedro convexo de 65 arestas e 35 faces?

567 Resolver: Um poliedro convexo

a) tem 150 faces, todas quadrangulares, quantas arestas ele tem?
b) que tem apenas faces pentagonais, tem 240 arestas. Quantas são as faces?
c) de 90 arestas tem 45 faces, todas de um mesmo tipo. Qual é o tipo da face?
d) tem 30 ângulos poliédricos, todos tetraédricos, quantas arestas ele tem?
e) que tem apenas triedros, tem 180 arestas. Quantos vértices ele tem?
f) de 100 arestas tem 40 ângulos poliédricos, todos do mesmo tipo. Qual é esse tipo de ângulo poliédrico que ele tem?

568 Resolver: Um poliedro convexo

a) tem 50 faces, todas quadrangulares, quantos vértices ele tem?
b) que tem apenas faces triangulares, tem 210 arestas, quantos vértices ele tem?
c) de 30 vértices tem apenas ângulos tetraédricos. Quantas faces ele tem?
d) que tem apenas triedros tem 96 arestas. Quantas faces ele tem?
e) tem 20 faces triangulares e 12 pentagonais. Quantas arestas ele tem?
f) tem 20 triedros e 20 ângulos tetraédricos. Quantas arestas ele tem?

569 Resolver; Um poliedro convexo

a) tem 8 faces triangulares e 6 quadrangulares. Quantas vértices ele tem?
b) tem 12 ângulos tetraédricos e 48 triedros. Quantas faces ele tem?
c) de 90 arestas tem 20 faces triangulares e as demais decagonais. Quantos vértices ele tem?
d) de 148 arestas tem 24 ângulos tetraédricos e os demais pentaédricos. Quantas faces ele tem?

570 Um poliedro convexo de 13 vértices tem 6 faces triangulares e as demais são quadrangulares. Quantas são as faces quadrangulares?

571 Um poliedro convexo de 32 faces tem 15 ângulos tetraédricos e os demais são triedros. Quantos são os triedros desse poliedro?

572 Um poliedro convexo tem 2 ângulos hexaédricos e 12 tetraédricos. Se ele tem apenas faces triangulares e quadrangulares, quantas são as faces de cada tipo?

573 Um poliedro convexo tem 24 faces triangulares e 4 faces octogonais. Se ele tem 2 ângulos octaédricos e os demais são triedros e tetraédricos, quantos são os ângulos poliédricos de cada tipo?

574 Responda:

a) Existe poliedro convexo de 15 faces sendo 6 triangulares e 9 pentagonais?
b) Existe poliedro convexo de 17 vértices sendo 9 triedros e os demais ângulos heptaédricos?

575 Existe poliedro convexo onde as faces são todas triangulares e os ângulos poliédricos são todos hexaédricos? Se existir esboçar um desenho.

576 Existe poliedro convexo onde todas as faces são quadrangulares e todos os ângulos poliédricos são tetraédricos? Se existir esboçar um desenho.

577 Existe poliedro convexo onde todas as faces são quadrangulares e os ângulos poliédricos são todos pentaédricos? Se existir esboçar um desenho.

578 Existe poliedro convexo onde todas as faces são pentagonais e os ângulos poliédricos são todos tetraédricos? Se existir esboçar um desenho.

579 Existe poliedro convexo onde todas as faces são triangulares e todos os ângulos poliédricos são triedros? Se existir esboçar um desenho.

580 Existe poliedro convexo onde todas as faces são quadriláteros e os ângulos poliédricos são todos triedros? Se existir, esboçar um desenho.

581 Existe poliedro convexo onde todas as faces são triangulares e todos os ângulos poliédricos são tetraédricos? Se existir, esboçar um desenho.

582 Existe poliedro convexo onde todas as faces são triangulares e todos os ângulos poliédricos são pentaédricos? Se existir, esboçar um desenho.

583 Existe poliedro convexo onde todas as faces são pentagonais e todos os ângulos poliédricos são triedros? Se existir esboçar um desenho.

584 Um poliedro convexo tem 14 arestas, 1 face pentagonal e as demais faces triangulares e quadrangulares. Seccionando-o por um certo plano obtemos dois poliedros, sendo que um deles tem 1 face pentagonal, 1 face hexagonal, 4 faces triangulares a menos e 3 vértices a mais que o original e o número de faces quadrangulares igual ao de faces triangulares do original. Quantas faces triangulares e quantas quadrangulares tem o poliedro original?

585 As faces de um poliedro convexo são triângulos equiláteros e quadrados e ele tem 2 triedros e 5 ângulos tetraédricos. Se a soma das medidas de todas as arestas é 78 m, qual a área deste poliedro? Esboçar um desenho.

586 Um poliedro convexo de 8 faces tem 1 face hexagonal e as demais são triangulares, quadrangulares e pentagonais, com o número de quadrangulares igual ao de pentagonais. Se os seus ângulos poliédricos são todos triedros, determinar o número de faces triangulares deste poliedro.

587 As faces de um poliedro convexo são triângulos equiláteros. Se a soma das medidas das arestas é 54 m e a soma dos números de vértices, arestas e faces é 20, determinar a área deste poliedro.

588 Um poliedro convexo tem apenas faces triangulares e quadrangulares. Se o número de quadrangulares excede o de triangulares em 5 unidades e o número de arestas excede o dobro do de vértices em 1 unidade, determine quantas são as faces de cada tipo.

589 Um poliedro convexo P, de 19 arestas, tem apenas faces triangulares e quadrangulares. Seccionando-o por um plano, obtemos dois outros poliedros. Um deles tem 1 face hexagonal, 4 faces triangulares a menos que P, 2 vértices a menos que P e não tem faces quadrangulares. Quantas faces de cada tipo tem P?

590 As faces de um poliedro convexo de 12 faces e 10 vértices são triângulos equiláteros e quadrados. Se a soma das medidas de todas as arestas é 120 m, determine:
a) Quantas são as faces de cada tipo.
b) A área deste poliedro.

591 As 15 faces de um poliedro convexo de 12 vértices são polígonos regulares. Se ele tem apenas faces triangulares e quadrangulares e a soma das medidas de todas as suas arestas é 100 m, qual a área da superfície deste poliedro?

Resp: **565** 7 faces

592 Sobre cada aresta de um hexaedro regular de aresta a tomamos dois pontos distintos, eqüidistantes das extremidades da aresta, de modo que eles sejam vértices de um poliedro convexo cujas faces são polígonos regulares. Determine a aresta e os números de vértices, arestas, faces e diagonais desse poliedro.

593 De cada um dos cantos de um octaedro regular de aresta 3a, cortamos um poliedro convexo com uma face quadrangular e quatro triangulares de aresta a. Determine a área e quantos são os vértices, arestas, faces e diagonais do poliedro resultante.

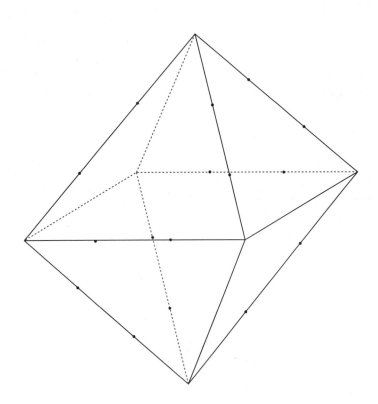

Resp: **566** a) F=17   b) A=15   c) V=32   **567** a) 300   b) 96   c) Quadrangulares   d) 60   e) 120
f) ângulos pentaédricos   **568** a) 52 b) 72 c) 32 d) 34 e) 60 f) 70   **569** a) 12 b) 38 c) 60 d) 86
570 8   **571** 30   **572** 12 triangulares, 6 quadrangulares   **573** 8 triedros, 16 tetraédricos, 2 octaédricos
574 a) Não. A soma dos números de faces com números ímpares de lados tem que ser par.
b) Não. A soma dos números de ângulos poliédricos com números ímpares de arestas tem que ser par.   **575** Não   **576** Não
577 Não   **578** Não   **579** Existe. Ele tem 4 faces triangulares e 4 triedros. Tetraedro.
580 Existe. Ele tem 6 faces quadrangulares e 8 triedros. Hexaedro.   **581** Existe. Ele tem 8 faces triangulares e 6 tetraédricos. Octaedro.
582 Existe. Ele tem 20 faces triangulares e 12 pentaédricos. Icosaedro   **583** Existe. Ele tem 12 faces pentagonais e 20 triedros. Dodecaedro.
584 5 triangulares e 2 quadrangulares.   **585** $18(3\sqrt{3}+4)m^2$ **586** 1   **587** $54\sqrt{3}\,m^2$
588 10 triangulares, 15 quadrangulares   **589** 10 triangulares, 2 quadrangulares
590 a) 8 triangulares, 4 quadrados   b) $72(\sqrt{3}+2)m^2$ **591** $40(\sqrt{3}+2)m^2$
592 $(\sqrt{2}-1)a$, V = 24, A = 36, F = 14, 120 diagonais   **593** $6(2\sqrt{3}+1)a^2$, V = 24, A = 36, F = 14, 158 diagonais